Holger Göbel

Wracktauchen im Roten Meer

Holger Göbel

Wracktauchen im Roten Meer

Delius Klasing
EDITION NAGLSCHMID

Die Deutsche Bibliothek – CIP-Einheitsaufnahme

Göbel, Holger
Wracktauchen im Roten Meer: plastische Zeichnungen von
21 Wracks, farbige Detailfotos, exakte Lagepläne / Holger Göbel. -
Bielefeld: Delius Klasing; Stuttgart: Ed. Naglschmid, 1999
ISBN 3-89594-071-2

1. Auflage
ISBN 3-89594-071-2

Herausgeber: Dr. Friedrich Naglschmid
Karten: Angela Koop
Zeichnungen: Ralf Bergmann 41, 94/95,
Angela Koop 34/35, 46/47, 52/53, 68/69, 80/81, 84/85, 90/91,
100/101, 106/107, 114/115, 118/119, 124/125, 130/131, 134/135,
141, 146/147
Fotos: Dr. Holger Göbel
Titelbild: Dr. Holger Göbel
Printed in Germany 1999

Vertrieb: Delius Klasing Verlag, Siekerwall 21, 33602 Bielefeld
Tel.: 0521/559-0, Fax: 0521/559-113
e-mail: info@delius-klasing.de
http://www.delius-klasing.de

Inhalt

Die Wracks 32

Vorwort

Seit Jahrzehnten zieht das Rote Meer mit seinen einzigartigen Korallenriffen und einer schier unendlich erscheinenden Artenfülle Taucher aus aller Welt an. Die nahezu idealen Meeresbedingungen bilden die Voraussetzung für eine üppige Farben- und Formenvielfalt. Von Europa aus betrachtet ist es das nächstgelegendste tropische Meer. Es erfreut sich einer ständig wachsenden Beliebtheit. Auf der Suche nach immer neuen Tauchgebieten wurden zugleich auch immer mehr Wracks entdeckt. Als langer schmaler Keil zwischen Nordafrika und Arabien stellt das Rote Meer seit alters her einen der bedeutensten Seewege zwischen Europa und dem Fernen Osten dar. Im Laufe der Jahrtausende fielen unzählige Schiffe den Riffen zum Opfer, gerieten bei Sturm in Seenot oder sanken bei kriegerischen Auseinandersetzungen. Ihre mehr oder weniger gut erhaltenen Überreste bilden inzwischen für eine immer größer werdende Zahl von Unterwassersportlern den eigentlichen Grund, im Roten Meer zu tauchen. In den letzten Jahren ist ein regelrechter Wracktourismus entstanden.

Dieser Trend darf nicht darüber hinwegtäuschen, daß mit der zunehmenden Menge von Tauchern eine erhebliche Gefährdung des Mysteriums Wrack einhergeht. Ein versunkenes Schiff stellt ein stummes Abbild seiner Geschichte und der Tragödie seines Untergangs dar. Das Meer konserviert nicht nur den Havaristen und überzieht ihn mit seinem Reichtum, sondern verbirgt zugleich die Fracht und die persönlichen Gegenstände der Passagiere und Besatzung, die vielleicht sogar ihr Leben beim Untergang verloren haben. Dieses Zeitzeugnis ist der Vernunft eines jeden einzelnen Tauchers ausgeliefert. Leider ist immer wieder zu beobachten, daß ein Wrack, das in einem Jahr von mehreren tausend Tauchern heimgesucht wird, innerhalb kürzester Zeit radikal geplündert ist. Zurück bleibt ein leerer Stahlhaufen, der seines ursprünglichen Charakters beraubt wurde.

Dieser Tauchreiseführer stellt die bekanntesten Wracks im nördlichen Roten Meer vor. Die Zeichnungen und Beschreibungen geben eine Orientierungshilfe zur Planung und Durchführung von erlebnisreichen Tauchgängen. Zugleich möchte er mit den Abschnitten über die Historie und den Untergang die Schiffe ihren Besuchern ein wenig näherbringen. Vielleicht läßt sich so erreichen,

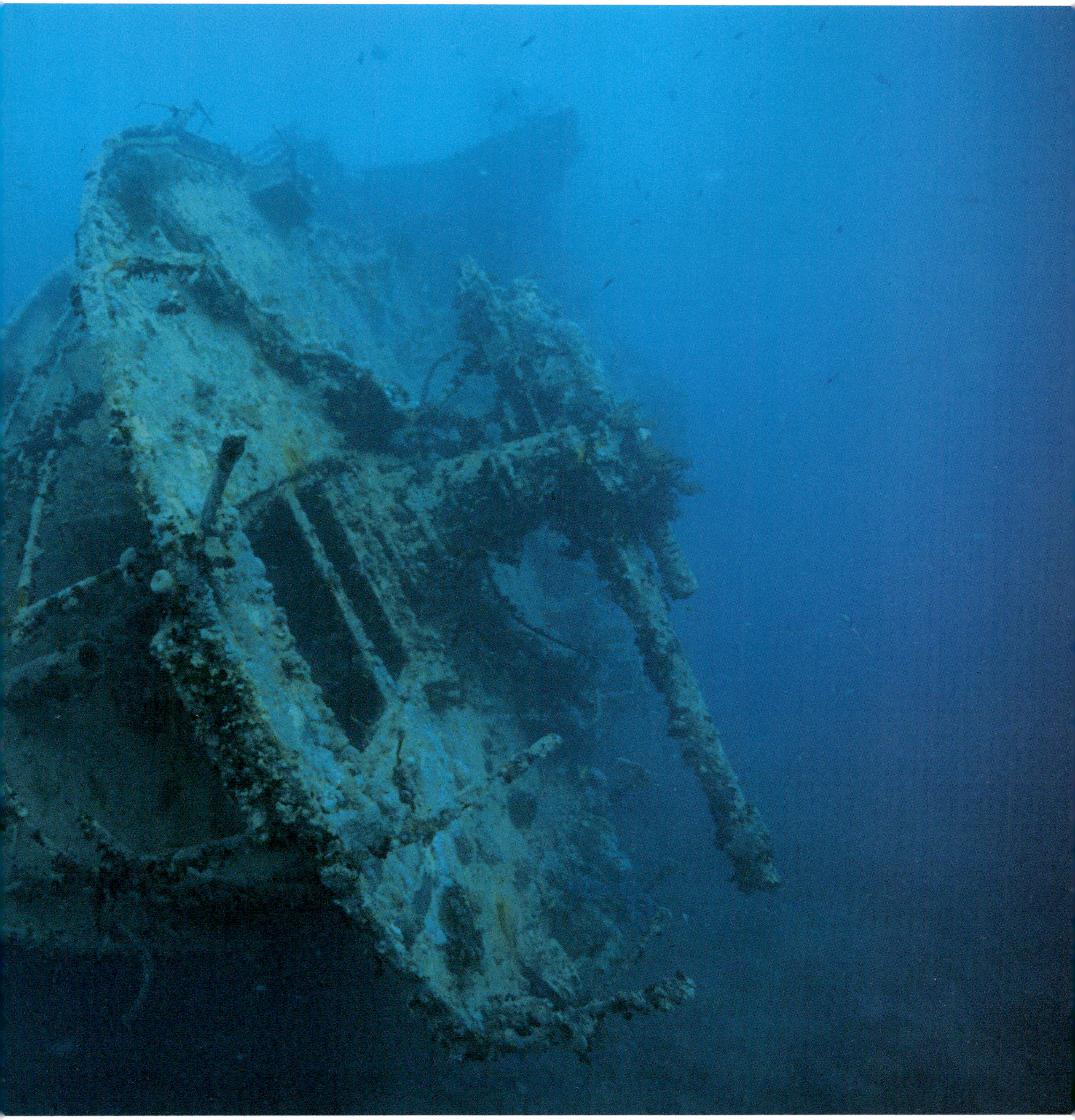

daß ein Wrack als ein Stück Geschichte respektiert wird, welches es zu schützen gilt. Zugleich sollte die einem jedem Wrack eigene Atmosphäre zu einem stimmungsvollen, unvergeßlichen Tauchgang beitragen.

Eines der berühmtesten Wracks im Roten Meer: Das Heck der Thistlegorm

Dr. Holger Göbel

Kleine Landeskunde

Klima

Niederschläge

Ägypten liegt im größten Wüstengürtel unseres blauen Planeten. Hiermit verbunden sind extrem heiße Sommer, warme Winter und eine ausgeprägte Trockenheit. Eine Ausnahme hiervon bildet ein schmaler Streifen Halbwüste, der parallel zur Mittelmeerküste verläuft. Das Wetter in dieser Übergangszone zwischen lebensfeindlicher Wüste und dem Mittelmeer ist durch ein mediterranes Klima mit seinen winterlichen Regenfällen gekennzeichnet. In der Region um Alexandria fallen im Jahresdurchschnitt etwa 150 mm Niederschlag, wohingegen in der Wüste bei Kairo nur noch etwa 25 mm Regen gemessen werden. Der sich diesem Streifen anschließende flächenmäßig größte Landesteil ist praktisch regenlos. So fällt in den mittleren und südlichen Regionen Ägyptens in manchen Jahren kein Tropfen Regen. In den Wintermonaten kann schon mal ein kurze Schauer mit einigen Millimetern Regen niedergehen. Es ist also nicht verwunderlich, daß die Jahresdurchschnittsmenge für Luxor bei nur einem Millimeter Niederschlag liegt. Auch die ägyptische Küste des Roten Meeres gehört in diesen Klimabereich.

Luftfeuchtigkeit

Die Verdunstungskapazitäten in Wüstenregionen sind erheblich und übersteigen die jährliche Niederschlagsmenge um ein Vielfaches. Ohne Probleme können sie zwischen 2000 und 5000 mm im Jahr betragen. So kommt es, daß die relative Luftfeuchtigkeit in den Mittagsstunden während der Wintermonate bei 40% und während der Sommermonate bei knapp über 20% liegt. Da es, abgesehen vom Nil, keine Flüsse gibt und es so gut wie nie regnet, herrscht in einem Großteil Ägyptens ein extremer Wassermangel. Die enorme Verdunstung trägt auch zum erhöhten Salzgehalt des Roten Meeres bei, der mit ca. 40 Promille deutlich über den 35 Promille der übrigen Weltmeere liegt.

Lufttemperaturen

Daß die Klimaanlage nicht von einem Ägypter erfunden wurde, ist im Grunde genommen erstaunlich. Nicht nur die Sonne steht am wolkenlosen Himmel höher als in unseren Breiten, auch die Sonneneinstrahlung ist wesentlich intensiver als bei uns. So steigt die Quecksilbersäule im Sommer mühelos auf über 40 °C. Ertragen lassen sich diese Temperaturen nur aufgrund der niedrigen Luftfeuchtigkeit.

Bedingt durch die trockene Wüstenluft ist die Wärmeeinstrahlung sehr stark und der Boden heizt sich entsprechend auf. Nach Sonnenuntergang drehen sich die Verhältnisse um und der aufgeheizte Boden gibt die gespeicherte Wärme vermehrt ab. In der Folge fallen die Temperaturen nachts deutlich ab. Die Durchschnittstemperaturen in den Monaten Dezember bis Februar sinken von über 20°C am Tage auf unter 10°C in der Nacht ab. Diese nächtliche Abkühlung wird während des Sommers als sehr wohltuend empfunden.

Sonnenschein

Sonne pur, so steht es im Prospekt und die ägyptische Wüste hält sich daran. Wolken werden im Land der Pharaonen nur selten gesehen. Somit entspricht die tägliche Sonnenscheindauer der Zeit zwischen Sonnenauf- und -untergang.

Wind

Im nördlichen Abschnitt des Roten Meeres herrschen Nordwinde. Seltener weht der Wind aus Nordosten beziehungsweise aus Nordwesten. Die das ganze Jahr hindurch beständigen Windverhältnisse machen Ägypten aus diesem Grund auch zu einem beliebten Surfrevier. Überwiegend liegen die Windstärken bei 4 Beaufort, wobei gelegentlich auch 6-7 Beaufort gemessen werden. Windstill ist es nur äußerst selten. In den Wintermonaten, vor allem im Februar, kann der Khamsin, ein Zyklon aus südlicher Richtung, aufkommen. Dieser innerhalb von Stunden aufbrausende Wüstenwind, der Sand und Staub mit sich bringt, kann das Meer zu einem Hexenkessel werden lassen.

Sprache

Arabisch wird in großen Teilen Nordafrikas bis hin in den Nahen Osten gesprochen. Aufgrund des weiten Verbreitungsgebietes und der unterschiedlichsten ethnischen Volksgruppen haben sich die verschiedensten Dialekte gebildet. So stellt auch die ägyptisch-arabische Amtssprache eine eigene Mundart dar. Das ägyptische Hoheitsterritorium beheimatet ca. die Hälfte der arabisch sprechenden Bevölkerung und nimmt mit Kairo als dem größten und bedeutendsten Kultur- und Lehrzentrum im arabischen Raum eine Vorreiterstellung ein. Ägyptisch-arabisch ist somit am meisten verbreitet und wird auch in anderen arabischen Ländern verstanden.

Die ägyptische Sprache ist äußerst schwierig zu erlernen. Das beginnt schon mit dem Schriftbild, das uns eher an ein skurriles Graffiti als an Buchstaben erinnert. Erschwerend kommt hinzu, daß die Gestalt der Buchstaben stark abhängig ist von ihrer Stellung im Satz oder im Wort. Werden Zahlen, wie bei uns, von links nach rechts gelesen, so ist es beim Geschriebenen genau umgekehrt; hier wird von rechts nach links gelesen. Im Rahmen der Phonation gibt es weitere Klippen für uns Europäer. Im Arabischen exestieren Laute, für die es keine entsprechenden lateinischen Buchstaben gibt. Hieraus resultiert die Tatsache, daß eine allgemein gültige Schreibweise in Übersetzungen fehlt. Die komplizierte Grammatik bildet eine weitere Hürde beim Erlernen der Sprache und stellt für einen Touristen de-facto eine Überforderung dar. Glücklicherweise ist sie jedoch für eine einfache Verständigung und einen „Small-Talk" nicht erforderlich. Ein paar Brocken arabisch reichen vollkommen aus, um bei den Gastgebern Freude und Anerkennung zu erzeugen. Die folgenden Begriffe wurden auch hinsichtlich des Tauchbereichs so ausgesucht, daß ein kleiner Wortwechsel, eine Begrüßung und ein paar Höflichkeiten ausgetauscht werden können. Die hier gewählte phonetische Schreibweise entspricht der Aussprache, wie sie in einem Großteil Ägyptens üblich ist.

Begrüßung

Guten Morgen	sabah al cher
Guten Tag	achlänn
Guten Abend	massah al cher
Auf Wiedersehen	ma salam
Gute Nacht	tasbah ala cher
Gute Nacht (mehrere)	taspacho ala cher

Bejahung/Verneinung/Höflichkeit

Bitte	min fadlak
Danke	schoukran
Ja	aiuwa
Nein	laa
Nichts	ma fiisch
Vielleicht	jimkin
Richtig	saach
Wie geht es Dir?	issaijak
Sehr gut	quais aui
Gott sei Dank	la hamdullah
In Ordnung	tamam
Nein, danke	la schoukran
Entschuldigung	assif
Ich habe keine...	ana ma andisch
Das macht nichts	ma lesch
Kein Problem	ma fisch muschkella

Fragen

Wann?	emta
Wer?	min
Wie lange?	emta
Wo?	feen
Wieviele?	kaam
Wohin?	feen
Hast Du...?	andak (männl.), andik (weibl.)
Was kostet das?	dah bi käam dah
Wie heißt Du?	ismäk eh (männl.), ismik eh (weibl.), min fatlak
Sprichst Du deutsch?	bit kallim alemäni?
Sprichst Du arabisch?	bit kallim arabi?

Uhr/Zeit

Wie spät ist es?	sah kaam
Es ist 1 Uhr	sah woahhed
Es ist halb 7	sah sitta whe unoss
Es ist viertel nach 5	sah chamsa whe rob
Es ist viertel vor 9	sah tisah illa rob
In 2 Stunden	bahde sah teen
Heute	inaharda
Morgen	bokra
Übermorgen	bahde bokra
Heute Nacht	il lela
Später	bahdeen
Tag	jom
Woche	usbuah
Jahr	sana
Jedes Jahr	kullu sana

Zahlen

1	woahhed
2	itneen
3	talata
4	arba
5	chamsa
6	sitta
7	sabah
8	tamania
9	tisa
10	aschara
20	ischreen

30	talateen
100	meja
1000	alf

Tauchen

Tauchen	raz
Vormittagstauchgang	raz sobh
Nachmittagstauchgang	raz bahde dohr
Nachttauchgang	raz bil lela
Gibt es hier Strömung?	fi madd henna
Wie tief ist es hier?	kham rasir henna
Riff	shab
Riffpfeiler	erg
Boot	lansch
Anker	bischlel
Nach rechts	schimal
Nach links	jemin
Geradeaus/ unverändert	ala tul
Fisch	samäk
Ist diese Flasche voll?	henna ambuba mölljelln?
Ist diese Flasche leer?	henna ambuba fadi?
Wohin fahren wir?	feen maschi?
Los gehts!	maschi maschi
auf, auf, los geht's	jela, jela

Essen/Trinken

Essen	akg
Getränk	schrub
Trinken	dischrab
Wann gibt es Essen?	il ahgl emta?
Ich möchte ..., bitte	ana aousa..., min fatlak
Das Essen schmeckt gut	il ahgl quais
Guten Appetit	bel hana wen schiffa
Prost	fise häddäck
Wenig	schweija
Wasser	maja
Mineralwasser	maija bi gas
Wein	nebit
Bier	bira
Tee	dschai
Zucker	sukkar
Fisch	samäk
Fleisch	lachma
Brot	aisch

Die Naama-Bucht mit ihren Hotelanlagen bildet den Ausgangspunkt für Tauchtörns entlang der Sinaiküste

Ortschaften

Wer eine Wracktour ins Rote Meer plant wird nach kürzester Zeit feststellen, daß als Ausgangsbasis hierfür im wesentlichen nur zwei Ortschaften zur Auswahl stehen: Sharm el Sheikh im Sinai und Hurghada an der ägyptischen Festlandküste. Beide verfügen über einen internationalen Flughafen und eine hervorragende taucherische Infrastruktur. Welcher der beiden gewählt wird, hängt im wesentlichen von der geplanten Route ab. Sharm el Sheikh bietet den Vorteil, zusätzlich die weltberühmten Tauchplätze des Ras Muhammad Nationalparks zu betauchen sowie die Wracks in der Straße von Tiran zu inspizieren. Hingegen sind die Flugkosten nach Hurghada geringer und Wracks im Süden von Ägypten können von hier aus wesentlich leichter erreicht werden.

Sharm el Sheikh

An der östlichen Sinai-Halbinsel, auf halber Strecke zwischen Tiran und Ras Muhammad, liegt Sharm el Sheikh. Bis zur Besetzung des Sinai durch die Israelis 1967 bestand der Ort in der Sharm el Moya- Bucht aus einigen wenigen Hütten und einer kleinen Moschee. Nach dem Bau der Küstenstraße von Eilat nach Sharm el Sheikh entstand um den kleinen Hafen herum ein Militärstützpunkt. In der Folge entwickelte sich, wenn auch anfänglich recht spärlich, zunehmend der Tourismus. Das Marina Sharm Hotel wurde in der damals gänzlich leeren Naama- Bucht gebaut. Nach der Rückgabe an die Ägypter 1982 im Rahmen des Camp David Abkommens kam der Tourismus zunächst zum Erliegen. Obwohl von vielen das Ende des Tauchsports auf dem Sinai beschworen wurde, gaben einige wenige nicht auf. In den folgenden Jahren entstanden drei Tauchbasen in der Naama Bay und als weiteres Quartier das Aquamarine Diving Center. Der große Boom kam in den letzten Jahren.
Schon der Blick entlang der Küste beim Landeanflug macht eines klar: Sharm el Sheikh boomt. Das kleine verträumte Fischerdorf in der Sharm el Moya-Bucht avancierte in den letzten 10 Jahren zum Touristenort Num-

Die Sharm el Moya-Bucht, einst Keimzelle des Tourismus, aus der Vogelperspektive

mer 1 am Roten Meer. Beschränkten sich die Hotelanlagen noch vor wenigen Jahren auf die Naama-Bucht und in Ausnahmefällen auf die Sharm el Moya-Bucht, so wird inzwischen entlang der gesamten Küste gebaut. Grund hierfür ist ein ägyptisches Gesetz, demzufolge das erworbene Land nach 3 Jahren entschädigungslos an den Staat zurückfällt, wenn es in dieser Zeit nicht bebaut wurde. Größere Projekte wie das Pyramisa Hotel in der Sharks Bay beweisen eindrucksvoll, daß sich das touristische Leben zum Teil aus der Naama heraus verlagert. Mit ca. 2000 Hotelbetten, einem eigenen Shoppingcenter sowie einem Golfplatz, bildet es eine selbstständige Stadt.
Auch die Villen für ca. 1 Million US Dollar finden ihre Abnehmer; so besitzt zum Beispiel auch der Sultan von

Für Hunderte von Tauchern ist der Jetty in der Naama Einstieg zu den Tauchgebieten bei Sharm el Sheikh

Seit ihrem Scheitern 1981 rostet die Loulica auf dem Gordon Riff vor sich hin

Oman ein Haus am Cliff oberhalb der Hotelanlage. Die weniger lukrativen Küstenabschnitte werden von internationalen Hotelketten bebaut, die sich erst relativ spät für Sharm el Sheikh entschieden. Das Hyatt Regency, das Conrads und andere bekannte Ketten errichten isolierte Anlagen in Abschnitten der Küste, für die sich einst niemand interessierte. Die Unterkunft in einer bekannten Anlage außerhalb der Naama-Bucht hat ihren Preis. Ähnlich wie in Hurghada sind die Touristen darauf angewiesen, zum Bummeln oder zum Einkaufen in der Naama ein Taxi zu benutzen.

Kommt man vom 10 Kilometer nördlich liegenden Flughafen aus nach Sharm, so führt die Straße zuerst durch Naama-Bucht mit ihren Hotels. Von hier aus sind es noch drei Kilometer bis zur Sharm el Moya, der Downtown von Sharm el Sheikh. Die meisten Einheimischen wohnen hier und die MFO (Multi-Force-Observer) sowie die Verwaltung befinden sich in der Moya. Zwischen der Naama-Bucht und Sharm el Moya-Bucht liegt ein Plateau, auf dem wohlhabende Ägypter und Europäer ihre Häuser haben. Für den Taucher ist die Naama der interessanteste der drei Stadtteile. Hier sind die meisten Hotels und Tauchschulen. Entlang der Strandpromenade liegen in der ersten Reihe renommierte Hotels wie das Mövenpick, Ghazala oder Hilton. All diese Anlagen verfügen über eigene Tauchbasen, wobei der Sinai Dive Club im Hilton und Sinai Divers im Ghazala wohl die bekanntesten sind. Der Luxus in der ersten Reihe mit Swimmingpool, eigenen Boutiquen und einer exquisiten Küche hat aber auch seinen Preis. Wer ohnehin den ganzen Tag auf dem Boot verbringt und nicht viel Geld ausgeben möchte, fährt mit einem Hotel in der zweiten Reihe kaum schlechter. Gemeint sind hiermit die Hotels, die auf der anderen Seite der Hauptstraße, welche vom Flughafen zur Sharm el Moya führt, in Richtung Wüste liegen. Hotels wie das Tropicana oder das Pigeon House sind zwar einfach, aber auch sauber. In Kauf genommen werden muß dafür jedoch ein täglicher Marsch von 15 bis 20 Minuten. Wer außerhalb der Naama-Bucht sein Quartier bezieht, ist auf öffentliche Verkehrsmittel oder ein Taxi angewiesen. Das Nachtleben spielt sich in der Naama entlang der Strandpromenade mit ihren vielen Strandbars oder in einem der preisgünstigeren Hotels ab. Treffpunkt der meisten Tauchlehrer und Tauchguides ist und bleibt das Sanafir mit seinem großzügigen Innenhof oder die Piraten Bar im Hilton Fayrouz.

Nicht vermeiden läßt sich die alltägliche Hektik am Jety in der Sharm el Moya. Gab es 1993 noch ca. 30 Boote, so stieg ihre Zahl auf über 300 im Jahre 1997. Dieser Engpass muß von allen Tauchern, egal ob sie eine Tagestour oder eine Safari unternehmen, passiert werden. Als Tagesausfahrt können von hier aus die Wracks der Million Hope, Zingara, Nus I, Jolanda, Dunraven und der Thistlegorm erreicht werden.

Hurghada

Hurghada liegt ca. 600 Kilometer südöstlich von Kairo an der ägyptischen Festlandküste. Es war ursprünglich der Verwaltungsort für die großen Erdölfelder im Golf von Suez. Der Ort verfügte zwar über einen Flughafen, aufgrund der strategischen Bedeutung stand er zivilen Zwecken zunächst aber nicht zur Verfügung. In den siebziger Jahren, nach der Entdeckung der vorgelagerten Riffe, begann ein zaghafter Tauchtourismus. Zu dieser Zeit etablierten sich die ersten Tauchbasen in Hurghada. Mit den Unterwasserenthusiasten kamen aber auch die ersten Badegäste. Nur 4 Flugstunden von Deutschland entfernt, nahezu das ganze Jahr Sonne, das stabile Wetter und ein attraktives Preis-Leistungs-Verhältnis, sorgten für einen drastischen Wandel in dem ehemals 5000 Einwohner großen Städtchen. Durch den Tourismusboom entstand mitten in der Wüste eine Großbaustelle mit einer Länge von 18 km. In dem sich entwickelnden Badeort spielen die Taucher, die einst die Wegbereiter waren, eine nur noch untergeordnete Rolle.

Heute ist Hurghada eine langgezogene Touristenstadt, die aus den zwei Stadteilen Sekala und Dahar gebildet wird. Dahar bildet mit seinem zentralen Bazar, Polizeistation, Post, Krankenhaus und der großen Moschee das eigentliche Zentrum. In Downtown befinden sich auch die meisten Geschäfte, wo man vom T-Shirt über die "original" 3000 Jahre alte Statue bis hin zum Goldanhänger fast alles kaufen kann, was das Herz begehrt. Eine Flaniermeile oder Strandpromenade wie in Sharm el Sheikh gibt es jedoch nicht. Sekala mit dem Hafen bildet den alten Ortskern von Hurghada. In den schmuddeligen Seitenstraßen ist die Zeit stehengeblieben. Von den meisten Touristen wird dieser Stadtteil auf dem Weg vom Hotel zur Downtown oder zum Yachthafen nur durchfahren. Getrennt

Tauchboote im Hafen des Arabia Beach Hotel

durch einen Hügel, an dessen Fuß das Sheraton, eines der ersten Hotels der Region, liegt, schließt sich eine große Bucht mit den meisten Hotelanlagen an. Unweit des Flughafens reiht sich hier auf 10 Kilometer Länge eine Hotelanlage an die andere. Deutlich spiegelt sich das gestiegene Anspruchsniveau an die Unterkünfte wieder. Nach dem anfänglich einfachen, preiswerten Hotelangebot etablierten sich in den letzten Jahren Hotels, die auch gehobenen Ansprüchen genügen. Internationale Hotelketten wie Conrads, Hilton, Intercontinental und Marriott zählen inzwischen zum Stadtbild. Abgesehen von den Hotels hat auch die Gastronomie einen „Quantensprung" hinter sich. Neben einheimischen Spezialitätenrestaurants findet sich vom Chinesen über Italiener bis zur bekannten amerikanischen Fast-Food-Restaurantkette alles.

Der namhafte Badeort mit seinem 1996 neu ausgebauten internationalen Flughafen bildet einen optimalen Ausgangspunkt für Ein- und Mehrtageswracktörns. Bei dem mannigfaltigen Angebot an Tauchbasen sollte man sich einer anschließen, die in der HEPCA (Hurghada Environmental Protection and Conservation Association) organisiert ist. Ziel dieser Organisation ist, neben dem Schutz und Erhalt der Unterwasserwelt in und um Hurghada und der Einrichtung eines Naturreservats, auch die Einführung einheitlicher Standards für die angeschlossenen Tauchbasen. Bei Eintagestouren ist es möglich, die berühmten Wracks von Abu Nuhas sowie die Minija und die Excalibur anzulaufen. Mehrtagestörns eröffnen zusätzlich die Möglichkeit, die Wracks bei Gubal sowie die an der Westküste des Sinai zu betauchen. Wer die Wracks im Süden von Ägypten auf dem Programm stehen hat, sollte zunächst von Hurghada aus mit dem Auto weiter südlich fahren und dort an Bord eines der zahlreichen Safariboote gehen.

Reiseplanung

Reisezeit

Im Land der Pharaonen herrschen 365 Tage im Jahr Reisezeit. Obwohl es keine ausgesprochene Hoch- und Nebensaison gibt, zählen einige Monate im Jahr zu den beliebtesten. In den Wintermonaten November bis März ist es zwar tagsüber angenehm warm, in den Nächten kann es allerdings empfindlich kalt werden. Bedingt durch die niedrigen Lufttemperaturen kühlt sich das Oberflächenwasser im Golf von Aqaba bis auf 18 °C im März ab. Diese Umstände sowie der erhöhte Planktonanteil machen diese Jahreszeit für Taucher eher unattraktiv. In den Sommermonaten ist die Hitze an Land teilweise unerträglich. Auf dem Wasser sorgt eine kühle Brise jedoch zumeist für die nötige Abkühlung. Die Monate September und Oktober zählen mit ihren gemäßigten Lufttemperaturen und dem durch die Sommermonate aufgewärmten Wasser zu den schönsten des Jahres.

Kleidung

In Ägypten ist ganzjährig Reisezeit. Reicht in den Sommermonaten luftige Kleidung aus und verbleibt in der Tauchtasche genügend Stauraum für andere Dinge, so sieht die Planung im Winter bereits anders aus. In den Monaten November bis März ist es zwar tagsüber angenehm warm, die Nächte werden hingegen empfindlich kühl. Warme Kleidung im Gepäck darf zu dieser Jahreszeit auf gar keinen Fall vergessen werden. Zur Kopfbedeckung sollte eine Mütze beziehungsweise ein Stirnband gehören ebenso wie warme Pullis und winddichte Jacken oder Overalls, die unter gar keinen Umständen fehlen dürfen. Gerade nach zwei oder vielleicht sogar drei Tauchgängen pro Tag kühlt der Körper stärker aus. Der Wind nach dem Tauchgang trägt zusätzlich zur Auskühlung bei. So ist es nicht verwunderlich, daß man, falsch gekleidet, bereits vor dem nächsten Tauchgängen friert. Neben einem frostigen Tauchgang riskiert man dadurch eine Erkältung und damit eventuell auch kostbare Urlaubs-/Tauchtage. Wer einige Tage mit einem eigenen Boot unterwegs ist, sollte zusätzlich einplanen, daß bei Seegang einiges naß wird und bei längeren Ausfahrten Ersatzkleidung das Wohlbefinden erheblich erhöht.

Sonnenschutz

Ägypten ist für sein gutes Wetter bekannt. Nahezu das ganze über Jahr scheint die Sonne vom wolkenlosen Himmel. Bedingt durch die geringe Luftfeuchtigkeit kommt es zu einem relativ hohen Einfall von UV-Licht. Verstärkt wird dieser durch die Reflektion auf der Wasseroberfläche. Wind und vor allem die trockene Luft lassen die hohen Temperaturen als leichter erträglich erscheinen. Das ist angenehm, verleitet jedoch schnell dazu, die intensive Strahlung zu unterschätzen. Aus diesem Grunde sollte auch im Sommer luftige, aber vor Sonne schützende Kleidung getragen werden. Besonders wichtig sind Kopfbedeckung, Sonnenbrille und natürlich Sonnenschutzmittel. Auch beim Schnorcheln ist auf einen ausreichenden Schutz zu achten!

Seekrankheit

Die Störung des Gleichgewichtsorgans kann zur erheblichen Einschränkung einer Tauchausfahrt, wenn nicht sogar zum Abbruch derselben führen. In Abhängigkeit von den Witterungsbedingungen sind, in individuellen Abstufungen, hiervon ca. 80-90% aller Menschen betroffen. Die Liste der Ratschläge zur Bekämpfung der Seekrankheit ist lang und zumeist wissen es alle besser als die Betroffenen selbst. Eine gewisse Adaptation ist sicherlich möglich, nur nützt sie nichts, wenn sie am Ende der Bootsfahrt eintritt. Unter dem Motto „Dope is Hope" greift eine Vielzahl von Menschen zu Medikamenten. Die meisten dieser Wundermittel führen jedoch als Nebenwirkungen zu einer mehr oder weniger starken Müdigkeit und somit zu einer eingeschränkten Tauchtauglichkeit. Nebenwirkungsfrei sind lediglich Vitamin B6-Präparate, die allerdings nicht so wirksam sind.

Trockenheit und Durst

Die trockene Wüstenluft führt zu einem nicht unerheblichen Flüssigkeitsverlust über die Atmung und das Schwitzen. Das vom Körper durch die Haut ausgeschiedene Wasser verdunstet augenblicklich, so daß sich der zur Kühlung des Körpers gebildete feuchte Schweiß auf der Haut kaum halten kann. Der mangelnde Schweiß erweckt den Eindruck, man würde kaum schwitzen. Dennoch verliert unser Körper auf diese Weise 5 - 6 Liter Flüssigkeit pro Tag! Gekoppelt mit dem Wasserverlust ist

Gegenverkehr auf der Straße von Dahab nach Nuweiba

Oase in der Wüste: das Katharinen Kloster im Sinai

aber auch ein Verlust an Salzen. Hinzu kommt der Verlust von Flüssigkeit durch die Immersion beim Tauchen und den Kaffee- beziehungsweise Alkoholkonsum, der mit einem Tauchurlaub zumeist verbunden ist. Schwächegefühl ist ein typisches Zeichen für Mineralverlust durch Schwitzen. Bedingt durch die Dehydration ist das Risiko eines Dekompressionsunfalls erhöht. Aus diesem Grund sollte auf eine ausreichende Trinkmenge, die möglichst nicht aus Kaffee oder alkoholischen Getränken besteht, geachtet werden. Gegebenenfalls ist der Mineralhaushalt des Körpers mit entsprechenden Mineraltabletten auszugleichen.

Überreste eines römischen Schiffs

Geschichte der Schifffahrt im Roten Meer

Die frühe Geschichte der Seefahrt im Roten Meer ist eng verknüpft mit der Zeit der Pharaonen. Ihr Reich grenzte im Norden an das Mittelmeer und im Osten an das Rote Meer. Sicherlich hatte das Mittelmeer eine größere Bedeutung für die Entwicklung des Landes vor allem auch in den späteren Jahrhunderten, dennoch war das Rote Meer entscheidend für die Entwicklung des Handels mit den Zivilisationen des Fernen Ostens und Asiens. Die Schifffahrt beschränkte sich ursprünglich auf den Küstenhandel der rund um das Rote Meer lebenden Völker. Die Waren in diesem lokal beschränkten Markt unterschieden sich natürlich von denen im Mittelmeerraum, sodaß sich im Laufe der Zeit ein reger Handel zwischen den beiden Märkten entwickelte. Während Edelsteine, Elfenbein, Perlen, Gewürze und Sklaven bei den Zivilisationen des Abendlandes besonders hoch im Kurs standen, interessierten sich die Bewohner des Morgenlandes vor allem für Metalle, die zu Waffen verarbeitet wurden, sowie für gewebte Stoffe.

Die Handelswege führten entlang der Küsten des Roten Meeres nach Süden bis zum heutigen Aden. Der später von den Römern Eudaimon genannte Ort entwickelte sich bald zu einem blühenden Handelszentrum. Reiche arabische Handelsleute ließen sich hier nieder, Seeleute gaben in den Lokalen und Freudenhäusern ihre Heuer aus und Abenteurer wurden von der multikulturellen Stadt angezogen. Von dieser Stelle aus machten die häufig entgegensetzt wehenden Winde das Erreichen der lukrativen östlichen Märkte schwer. Die saisonal gegenläufigen Monsunwinde bestimmten den Verkehr im Indischen Ozean. Selbstverständlich unterlag auch die Heimreise diesen Naturgegebenheiten. Clevere arabische und indische Kaufleute hüteten lange Zeit dieses einfache Geheimnis und bewahrten über Jahrhunderte ihre Monopolstellung für die Seefahrt in Richtung Indien und den Fernen Osten. Selbst der Seefahrernation der Phönizier gelang es nicht, die Vormachtstellung der arabischen und indischen Kaufleute in Frage zu stellen.

Aber auch der Handelsweg durch das Rote Meer nach Norden gestaltete sich nicht ganz unproblematisch. Durchschnittlich zehn Monate im Jahr wühlten starke Nordwinde das Meer auf. Lediglich in den Monaten Oktober und November standen die Winde günstiger, so daß der Seehandel eine saisonale Häufung in diesem Zeitraum aufwies. Trotz der für damalige Zeiten hervorragenden Bauform - die Ägypter waren als Schiffsbauer berühmt, wie das Boot der Cheops in seiner ewigen Ruhestätte unterhalb der bekannten Pyramide deutlich macht - war es äußerst schwierig, mit den vollbeladenen und damit tief im Wasser liegenden Schiffen nach Norden zu segeln. Aus diesem Grunde wurden die Waren zumeist auf kleinere Boote, wie es sie noch heute im südlichen Roten Meer gibt, verladen. Mit einem einzigen senkrecht hängenden Segel waren sie nicht nur in der

Lage höher am Wind zu segeln, sondern konnten auch die in den Morgen- und Abendstunden wehenden Landwinde nutzen. Die Mehrheit dieser Schiffe bereiste die Route entlang der Ostküste des Roten Meeres, so daß sie bei plötzlich aufkommenden Stürmen zwischen den zahlreichen Inseln und Riffen Schutz fanden. Ein anderer Teil der Ladung wurde nach der Passage der Meerenge bei Bab el-Mandeb auf Kamele verladen, die in langen Karawanen das Land zum oberen Nil durchquerten, wo die kostbaren Handelswaren erneut auf Schiffe umgeladen und stromabwärts transportiert wurden.

Mit dem Sieg der Römer über das Pharaonenreich Ägypten geriet auch der Seehandel im Roten Meer unter römische Kontrolle. Sie erkannten schnell den hohen Stellenwert des Handels mit dem Fernen Osten und rüsteten eigens hierfür Handelsflotten aus. Berenice südlich von Ras Banas wurde von ihnen zum Handelsstützpunkt ausgebaut. Während des gesamten Jahres fristeten die Hafenanlagen, Speicher und Zisternen ein trostloses Dasein. In den Monaten Oktober und November änderte sich dieser Zustand schlagartig. Gewaltige Karawanen verwandelten die trostlose Wüstenstadt zum Leben. Neben dem Schiffsverkehr auf den langen Handelsrouten in den Fernen Osten setzten die Römer aber auch auf den lokalen Seeverkehr. So transportierten sie in Amphoren feinen Olivin, der seit dem 15. Jahrhundert v. Chr. in den Minen von Sabargad abgebaut wurde, entlang der Westküste des Roten Meeres nach Norden. Noch heute zeugen Plätze wie das Amphorenfeld bei Fury Shoal oder die Überreste des Wracks nördlich von Sharm el Naga von diesem regen Schiffsverkehr. Die häufigsten Schiffahrtsrouten dieses lokalen Seetransportes beschränkten sich allerdings auf die Küsten des Sinai, wo sich heute die meisten der antiken Artefakte aus dieser Epoche finden lassen. Bis jetzt wurden allerdings noch keinerlei größere archäologische Anstrengungen unternommen, Genaueres über diesen Seehandel zu erforschen.

Mit dem Untergang des römischen Reiches endete auch die Zeit der großen Indien-Expeditionen. Die von den Römern errichteten Stützpunkte entlang der Küste gerieten in Vergessenheit, lediglich Berenice mit seinem 5 Meilen entfernten Brunnen Kalalat blieb als Ortschaft bestehen. Entlang der Küsten nahm der lokale Seeverkehr seinen gewohnten Gang wie es in den Zeiten vor den Römern der Fall gewesen war. Mit der Ausbreitung des Islam entwickelte sich ab dem 7. Jahrhundert ein anwachsender neuer Verkehrsstrom in der Region. Zunehmend befuhren Schiffe mit Mekka-Pilgern das Rote Meer. In diesen Zeitraum fällt auch die Blütezeit von Suakin im Sudan. Von hier sowie anderen Häfen aus dem heutigen Eritrea stießen sie in See, um auf die östliche Seite des Roten Meeres zu gelangen.

Ein regelrechter Linienverkehr in Nord-Südrichtung entwickelte sich erst wieder im Kolonialzeitalter. Es waren die Briten, die über diesen Weg die Güter aus ihren indischen Kolonien durch das Rote Meer transportierten und mit dem Fernen Osten handelten. Bis zur Eröffnung des Suezkanal 1869 wurde die Ladung der Schiffe in Suez gelöscht und mit schier endlos langen Kamel-Karawanen zum Mittelmeer transportiert. Wie in der Antike hatte aber auch das britische Empire mit den Wetterbedingungen im Roten Meer zu kämpfen. So stellte der Weg in Richtung Indien kein Problem dar, da die Schiffe mit dem Wind südwärts segelten. Auf der Rückfahrt mußten sie jedoch gegen den Wind und die stürmische See nach Norden ankämpfen. Diese Widrigkeiten führten zum Einsatz der ersten Dampfsegelschiffe auf dieser Route. Diese Schiffe sahen der Form nach noch aus wie Segelschiffe, verfügten in ihrem Bauch allerdings über eine Dampfmaschine und hatten einen Propeller am Heck. Auf der einen Seite machte die Besegelung der Schiffe sie schneller als Dampfschiffe und bot zusätzliche Sicherheit im Falle eines Maschinenschadens. Auf der anderen Seite ermöglichte der Dampfantrieb ein wetterunabhängiges Vorankommen auf dem Weg nach Norden. Diese Kombination erlaubte es erstmals auf der Route Bombay-Suez einen Fahrplan einzuhalten und somit für einen regelmäßigen Transport von Post, Waren und Passagieren zu sorgen. Nach der pompösen Eröffnung des Suezkanals am 17.10.1869 boomte die Schifffahrt durch das Rote Meer. Mit ihr ging auch die Monopolstellung der Briten auf dem Weg von Europa nach Indien und den Fernen Osten teilweise verloren.

Amphoren waren die Universaltransportbehälter des Altertums

Der Suez Kanal

Ein 164 km langer Sandstreifen in Nord-Süd-Richtung schneidet das Mittelmeer vom Roten Meer ab. Der auch als Isthmus bezeichnete Streifen trennt aber auch das Nildelta vom Sinai und stellt somit den Übergang vom afrikanischen zum asiatischen Kontinent dar. Er wird durch drei Wasserbecken unterbrochen, den Tirnsahsee im Norden und den Großen und Kleinen Bittersee im Süden.

Der Traum von einer Verbindung zwischen den beiden Meeren ist nicht neu. Seit Jahrtausenden haben die Menschen immer wieder versucht, dieses natürliche Hindernis zu überwinden. Die ersten ehrgeizigen Vorhaben, dieses Projekt zu realisieren, konzentrierten sich jedoch nicht auf die Herstellung der heutigen direkten Verbindung zwischen den beiden Meeren, sondern auf eine Wasserstraße vom Nil zum Roten Meer.

Bereits 1300 v. Chr. gab Ramses II den Befehl, einen Kanal vom östlichen Arm des Nils zum Bittersee zu graben. Immer wieder machten Sandstürme die Arbeiten zunichte. Sie deckten die erst vor kurzem gegrabenen Abschnitte immer wieder mit Sand zu, so daß das Projekt schließlich aufgegeben wurde. Der nächste, der sich mit diesem Vorhaben beschäftigte, war im Jahre 600 v. Chr. der Pharao Necho. Der antike Schriftsteller Herodot berichtet über einen Kanal, der während der Herrschaft Nechos durch den Sandstreifen von Suez gegraben wurde. Nach dem Tod des Pharaos sind die Arbeiten zunächst wieder eingestellt worden, bis 510 v. Chr. der Perserkönig Darius den Bau erneut aufnahm. Der unter ihm fertiggestellte Kanal begann bei der Stadt Bubasti am Nil, zog entlang des Wadi Tumilath zum Timsah-See und endete schließlich am Golf von Suez. Bis zur Zeit Alexander des Großen wurde diese Straße genutzt bevor sie abermals versandete. Erst die Römer bauten sie wieder aus. 106 n. Chr. schuf Kaiser Trajan über den Weg der Pharaonen erneut einen schiffbaren Kanal zwischen den beiden Meeren. Immerhin überdauerte der „Amnis Traianus" 700 Jahre bis er erneut unter dem Sand der Wüste verschwand. In der Zeit der arabischen Herrschaft um 650 n. Chr. wurde er restauriert, um den Handel zwischen dem Niltal und Mekka zu fördern. Seit dem 8. Jahrhundert ist er aus wirtschaftlichen Gründen jedoch nicht mehr benutzt worden und versandete abermals. Über die kommenden Jahrhunderte gab es immer wieder Pläne, die sich mit der Verwirklichung eines Kanals beschäftigten, aber nie in die Tat umgesetzt wurden. So trug sich auch die im Spätmittelalter das Mittelmeer beherrschende Republik Venedig mit dem Gedanken, einen Kanal zwischen Mittelmeer und Rotem Meer zu graben. Aber erst zu Beginn des 19. Jahrhunderts sollte dieses Vorhaben verwirklicht werden. Das Konzept des französischen Diplomaten Ferdinand de Lesseps, eine Wasserstraße durch den Isthmus in Nord-Südrichtung unter Ausnutzung der natürlichen Seen auszuheben, fand die Unterstützung Prinz Saids. Am 25.4.1858 begannen die Arbeiten für den Kanal. Um die finanziellen Mittel für das ehrgeizige Projekt aufzubringen, wurde die Suezkanalgesellschaft gegründet. Die zum Großteil aus ausländischen Investoren zusammengesetzte Gesellschaft wurde für 99 Jahre Eigentümerin des Kanals. Nach zehnjährigen Arbeiten fand am 17.10.1869 die feierlich Eröffnung statt. An

Überreste des 6-Tage-Krieges: Panzerwrack am Suez-Kanal

Der Golf von Suez mit dem unteren Teil des Suez-Kanals

Bord der Jacht Aigle durchquerten Prinz Said, der inzwischen zum Khediven Ägyptens geworden war, und Kaiserin Eugenie, die Ehefrau Napoleon III, den Kanal von Port Said nach Suez.In den folgenden Jahren rückten die militärisch-strategischen Aspekte des Kanals zunehmend in den Vordergrund. Bereits 1875 erwarb die britische Regierung 44% an der Suezkanalgesellschaft. Um die Lage zu entspannen, unterzeichneten 1888 die größten europäischen Länder in Konstantinopel eine Konvention, nach der die freie Durchfahrt durch den Kanal sowie seine Neutralität gewährleistet wurden. Die beiden Weltkriege zeigten jedoch die Auslegungsfähigkeit dieses Vertrages durch die Großmächte. Mit dem politischen Aufstieg Nassers zu Beginn der fünfziger Jahre begannen die Streitigkeiten um die Wasserstraße erneut. Die Neutralität des Suezkanals empfand er als Angriff auf die Souveränität Ägyptens. So enteignete er am 26.7.1956 die Suezkanalgesellschaft, deren Besitzansprüche noch bis 1968 liefen. Daraufhin entsandten England und Frankreich am 5.11.1956 Truppen nach Port Said, Port Fuad und Ismailia. Die Intervention der USA sowie der UdSSR bei der UNO verhinderten eine Eskalation und bereits Ende Dezember 1956 zogen sich die Truppen zurück.
Ägypten erhielt die Souveränität über den Kanal, mußte sich jedoch zur Einhaltung der Konvention von Konstantinopel verpflichten. Dennoch durften israelische Schiffe den Suezkanal nicht benutzen. Die politische Situation zwischen Ägypten und Israel spitzte sich zunehmend zu und gipfelte mit der Schließung der Meerenge von Tiran durch Ägypten. Während des darauffolgenden 6-Tage-Krieges besetzte Israel den gesamten Sinai bis an den Suezkanal. Nun lagen sich die beiden verfeindeten Nationen am Ost- und Westufer des Kanals gegenüber. In der Folge blieb der Kanal bis 1974 für die internationale Schiffahrt geschlossen. Erst nach der Unterzeichnung des Abkommens von Camp David wurde er im Februar 1974 wieder eröffnet.
Heute stellt der Suezkanal, neben dem Öl und dem Tourismus, eine der Haupteinnahmequellen des Landes dar. Wer ihn überqueren möchte, ist auf eine der zahlreichen kostenlosen Fähren nördlich von Suez angewiesen. Ein Großteil des Verkehrs wird jedoch durch den 1600 Meter langen Ahmed Hamdi-Tunnel bei Suez abgewickelt. Er wurde 1980 nach fünfjähriger Bauzeit eingeweiht.

Eine Taucherin erkundet das Heck eines israelischen Feuerlöschbootes bei Sharm el Sheikh

FASZINATION WRACKTAUCHEN

Seit Anbeginn des Tauchens zählt das Wracktauchen zu den aufregendsten Facetten der Unterwasserwelt. Anfänglich waren es vor allem die versunkenen Güter, die den Menschen dazu veranlaßten, sich mit Hilfsmitteln zum Meeresgrund hinabzulassen, um die von der See geraubten Gegenstände zurückzugewinnen. Erst durch die Verbreitung des Sporttauchens wandelte sich der Blickwinkel und das Wracktauchen wurde zu einer Sportart für Abenteurer, Entdecker und Unerschrockene. Die Begegnung mit der Vergangenheit, die Tragödie des Untergangs und die damit verbundenen Schicksale schreckten ab und sorgten für den Ruf einer kleinen Gruppe von heroischen Individualisten.

Angezogen vom gescheiterten Sinnbild des Denkens der Menschheit, alles zu beherrschen, ruht das Wrack als stummer Zeitzeuge auf dem Meeresboden und offenbart sich seinem Besucher. Stumm erzählt es dem aufmerksamen Betrachter seine Geschichte. Losgelöst vom Faktor Zeit konserviert es das Gewesene auf unbestimmte Dauer und mutiert nach und nach zu einer absurden, surrealistischen Unterwasserlandschaft, die von neuem Leben erfüllt wird. Trotz dieser Veränderungen bewahrt es seinen eigenen Charakter. Der ursprünglichen Funktion entbunden, bietet es im unwirklichen Licht der Tiefe die phantastische Kulisse einer Traumwelt, die auf ihren Besucher beunruhigend und zugleich magisch verlockend wirkt. Sie ist es, die das Mysterium Wrack zu dem macht, was es ist.

Der Taucher ist in diesem Szenarium lediglich für einen kurzen Augenblick Gast. Das Wrack ist seinem Willen schutzlos ausgeliefert. Diese Macht nimmt ihn somit in die Pflicht, sich als Hüter der Vergangenheit zu verhalten. Ohne diese Gesinnung wird aus dem Museum Wrack ein Selbstbedienungsladen, aus dem sich jeder das für seine Vitrine mitnimmt, was die anderen noch übriggelassen haben. Diese bei „alten Hasen" weit verbreitete Unsitte führt angesichts der inzwischen stark zugenommenen Zahl von Wracktauchern zu einem erheblichen Flurschaden. Legenden wie die Thistlegorm werden so zu entleerten Strukturen, die nur noch Schrotttauchern etwas zu bieten haben. Nachfolgenden Generationen wird durch dieses Verhalten die Chance genommen, die Atmosphäre des Wracks, die durch die einzigartige Ladung aus einer längst vergangenen Epoche geprägt war, zu erleben. Mit dem Verschwinden von Artefakten schließt sich nicht nur das Fenster zur Vergangenheit, sondern es wird auch ein Stück Geschichte gestohlen, das den Taucher in eine geheimnisvolle Welt entführt. Aus diesem Grund sollte außer der Begeisterung und der Faszination, die ein intaktes Wrack nachfolgenden Sporttauchern geben kann, nichts mitgenommen werden!

Wrackfotografie

Wracks stellen ein Eldorado für Fotografen dar. Motive gibt es in einer riesigen Auswahl, die von der Panoramaaufnahme mit einem Superweitwinkel oder Fisheye bis hin zur Makrofotografie reichen. Die eigenen Unterwasseraufnahmen halten die Faszination des Tauchgangs fest und stellen zugleich eine bleibende Erinnerung dar.
Nun gehört die Wrackfotografie nicht gerade zum Standard des Hobbyfotografen und führt immer wieder zu Unsicherheiten im Hinblick auf Ausrüstung und Technik. Eines der Hauptprobleme stellt die kolossale Größe eines Wracks dar. Für Übersichtsaufnahmen zur Demonstration von Lage, Größe und Bauart des Havaristen sind, neben guter Sicht und ausreichendem Licht, Objektive mit einem Bildwinkel von mindestens 100 Grad erforderlich. Mit zunehmender Entfernung vom Motiv nehmen Schärfe und Kontrast deutlich ab. Um dies zu vermeiden, sind Superweitwinkel oder Fisheyeobjektive erforderlich. Sie halten den Abstand zwischen Kamera und Motiv möglichst klein. Bei der Verwendung einer Motormarine erfüllt ein 16-Millimeter-Weitwinkelvorsatz diese Bedingungen. Der Einsatz einer Nikonos V läßt dem Fotografen die Option offen, das systemeigene 15-Millimeter-Objektiv zu benutzen oder das 16-Millimeter-Objektiv von Sea & Sea. Wesentlich variabler gestaltet sich die Wahl bei Spiegelreflex-Kameras. Aufgrund der besseren optischen Verhältnisse kommen hier Single-Lens-Reflex (SLR)-Objektive mit einer festen Brennweite zum Einsatz. Diese sollten unter 18 Millimetern liegen, welches einem Bildwinkel von 100 Grad entspricht. Neben den Totalansichtsaufnahmen finden sich an Wracks jedoch auch eine Vielzahl von Motiven für den Nah- und Makrobereich. Zur Verwendung kommen hier Makroobjektive mit Brennweiten zwischen 50- und 100 Millimetern.
Für Übersichtsaufnahmen, die immer aus einer gewissen Entfernung entstehen, ist die Verwendung eines Blitzes eher hinderlich. Sein Licht wird zur Ausleuchtung des Bildes aufgrund des Abstandes kaum einen Beitrag leisten. Hingegen beleuchtet es die allgegenwärtigen Schwebeteilchen im Wasser und trägt damit zur Verschlechterung der Aufnahme bei. Für diese Art von Fotos ist man somit auf das Umgebungslicht angewiesen. Kameras mit einer automatischen Belichtung neigen bei diesen Aufnahmen eher zu einer Überbelichtung. Gerade in solchen Fällen sind von einem Motiv mehrere Bilder mit unterschiedlichen Blenden sinnvoll. Verfügt die Kamera über eine Minuskorrektur, so sollte davon Gebrauch gemacht werden, da die Belichtungsautomatik selten das Grün oder das Blau des Wassers exakt wiedergibt. Mit zunehmender Tiefe verringert sich das Licht erheblich. In diesen Fällen reicht selbst bei maximal geöffneter Blende das Umgebungslicht häufig nicht mehr aus. Hier muß mit Syn-

Für Übersichtaufnahmen ist ein Superweitwinkel unumgänglich (Salem Express)

chronzeiten von 1/30 oder auch einer 1/15 Sekunde gearbeitet werden. Da bei solchen Zeiten eine hohes Risiko zum Verwackeln besteht, ist in diesen Situationen ein guter Stand von nöten. Bei der Motivgestaltung ist zu bedenken, daß Aufnahmen eines Wracks von oben die Strukturen flach abbilden und der Kontrast zumeist unzureichend ist. Wesentlich geeigneter ist eine Perspektive, bei der das Motiv seitlich oder von unten nach oben abgelichtet wird. Um die Größe eines Wracks zu demonstrieren, eignet sich der Vergleich mit einem Taucher. Am günstigsten schwebt das „Modell" im freien Wasser neben dem Wrack. Optisch macht sich bei diesen Fotos auch der Einsatz einer Lampe immer gut. Sie sollte aber nicht wahllos in die Unterwasserlandschaft gehalten werden, sondern ein Motiv anleuchten.

Nach den Übersichtsaufnahmen wendet man sich dem Mittel- und Nahbereich zu. Motive gibt es hier zumeist in Hülle und Fülle. Auch bei diesen Bildern kommen Weitwinkelobjektive zum Einsatz - allerdings unter Verwendung von einem oder sogar von zwei Blitzen. Im Prinzip gelten die üblichen Techniken der Unterwasserfotografie. Um Farbe ins Bild zu bekommen, sollte der Vordergrund leicht aufgehellt werden. Am besten sucht man sich hierfür eine bewachsene Reling oder Ankerwinsch. Auch standorttreue Fische können in die Bildgestaltung einbezogen werden. Nach Möglichkeit sollte ohne Blitzautomatik manuell belichtet werden. Erfahrungsgemäß sind Viertel- oder Achtellast in den meisten Situationen angemessen.

Wiederum völlig andere Anforderungen stellen Innenaufnahmen. Im Vordergrund stehen hier die reduzierten Lichtverhältnisse beziehungsweise die absolute Dunkelheit, Bedingungen wie bei der Nachtfotografie. Um das Motiv einzufangen, sind abermals Weitwinkelobjektive gefordert, aber auch ein leistungsstarker Blitz. Er muß zum richtigen Einstellen über eine Pilotlampe verfügen. Äußerste Vorsicht ist bei der Tarierung geboten. Die kleinsten Mulmwolken vereiteln jede Aufnahme. Aus diesem Grund ist es sinnvoll, einige Minuten vor einer Gruppe abzutauchen, denn hinter einer Horde tatendurstiger Taucher auf Motivsuche zu gehen ist ein frustrierendes Unternehmen, das sicherlich nicht die erhofften Urlaubserinnerungen auf das Filmmaterial bannt.

Die rote Lampe des Modells bringt Farbe ins Bild (Hamada)

Gefahren beim Wracktauchen

Leider finden sich in der Presse immer wieder Berichte über Unfälle und „Beinaheunfälle" beim Wracktauchen. Zumeist stellen mangelnde Planung, Unvernunft und fehlendes Wissen um mögliche Gefahren die Ursache für derartige negative Schlagzeilen dar. Das Motto „No risk no fun" trifft bei entsprechender Vorbereitung und Durchführung sicherlich nicht für diese faszinierende Art von Tauchgängen zu. Im folgenden Kapitel sind die wesentlichen Kriterien zur Planung und Durchführung eines sicheren Wracktauchgangs aufgeführt. Sie können aber weder die notwendige Selbstdisziplin noch entsprechende Kenntnisse, die durch einen Kurs erworben werden, ersetzen.

Planung

Die potentiellen Gefahren lauern zum Teil schon bevor das Wrack überhaupt erreicht wird. Die exponierte Lage der meisten Wracks an der wetterzugewandten Seite der Riffe im Roten Meer erfordert bereits eine entsprechende Planung vor Beginn des Tauchgangs durch die Taucher und die Schiffsbesatzung. Wracktauchgänge haben in der Regel wenig gemeinsam mit einem gewöhnlichen Rifftauchgang, bei dem zunächst die maximale Tiefe aufgesucht und dann langsam an der Riffwand aufgetaucht wird. Die längere Verweildauer in größeren Tiefen birgt, bedingt durch die längere Einwirkdauer des Stickstoffs, ein höheres Risiko für einen Tiefenrausch. Zusätzlich werden durch die längeren Grundzeiten eventuell Dekompressionspausen erforderlich, die im freien Wasser durchgeführt werden müssen. Sollte ein Wrack mehrmals unter diesen Umständen betaucht werden, sind entsprechende Entsättigungspausen zu berücksichtigen.

Von den meisten Tauchlehrern und Guides wird ein situationsgemäßes Briefing vor dem Tauchgang durchgeführt. Eine Zeichnung über das Schiff, seine Lage, Ein- und Ausstiegsmöglichkeiten, Ort des Ankers und den Ablauf des Tauchgangs erleichtern die Orientierung und führen so zur nötigen Sicherheit.

Ist eine Erkundung des Wrackinneren vorgesehen, so gilt als wichtigste Regel die „3-L-Regel": Luft-Licht-Leine. Der Luftvorrat wird nach folgender Faustregel geplant: Ein Drittel für den Hinweg, ein Drittel für den Rückweg und ein Drittel Reserve. Beim Betauchen von Innenräumen ist eine Absprache über die Reihenfolge innerhalb der Gruppe in jedem Fall erforderlich. Oberstes Ziel bei einem Wracktauchgang muß es sein, sich an den zuvor abgesprochenen Tauchplan zu halten und nicht nach Belieben davon abzuweichen.

Der Ausgang sollte beim Betauchen von Innenräumen stets in Sichtweite bleiben

Nach Möglichkeit sollten nicht mehrere Risikofaktoren zu einem Wracktauchgang hinzukommen. Dazu zählen Nachttauchgänge, Strömungstauchgänge und Dekompressionstauchgänge.

Ausrüstung

An der Frage einer speziellen Ausrüstung für Wracktauchgänge scheiden sich die Geister. Prinzipiell sollte die Ausrüstung bekannt, gut geprüft und gewartet sein. Wer um ein Wrack herumtaucht, wird außer einer Lampe zum Ausleuchten von Öffnungen sicherlich keine weitere spezielle Ausrüstung benötigen.

Das Betauchen von Laderäumen, Mannschaftsräumen oder der Brücke setzt eine eigene Planung voraus. Auch im Roten Meer ist bei solchen Tauchgängen eine doppelte erste Stufe von Vorteil, eine doppelte zweite Stufe Pflicht. Diese redundante Luftversorgung ist weniger relevant für eine eventuell auftretende innere oder äußere Vereisung, sie dient vielmehr als autarke Luftversorgung, wenn zum Beispiel herunterrieselnde Rostteile zur Verstopfung der Ausatemmembran der zweiten Stufe mit

Das Entmagnetisierungssystem der Thistlegorm sieht aus wie ein Torpedo

daraus folgendem Abblasen führen. Schläuche sollten möglichst nah am Körper geführt werden, um ein Verhaken an Wrackteilen zu verhindern. Die Bänder an der Maske und den Flossen müssen ebenso wie der Bleigurt und die Jackethalterung am Jacket vor dem Tauchgang kontrolliert werden. Unverzichtbar beim Wracktauchen ist das Mitführen einer entsprechenden Beleuchtung. Zum einen gewährleistet ausreichendes Licht eine physische Sicherheit, da kritische Bereiche schneller und besser zu sehen sind, zum anderen psychische Sicherheit, da Dunkelheit bei den meisten Menschen Angst erzeugt. Wie bei der Luftversorgung gilt hier eine doppelte Auslegung. Neben der Hauptlampe, die über eine längere Brenndauer als der Tauchgang verfügen muß, ist eine Reservelampe pro Taucher, die nicht mit in die Tauchgangsplanung einbezogen werden darf, unverzichtbar. Ob es sich beim Reflektor der Lampe um einen Punkt- oder einen Weitwinkelstrahler handelt, ist sicherlich Ansichtssache. Die Leistung der Hauptlampe sollte aber möglichst über 20 Watt liegen. Dimmbare Lampen, die sich zum Teil stufenlos regulieren lassen und sich so den herrschenden Bedingungen anpassen, sind sicherlich von Vorteil, zumal sie Strom sparen und sich dadurch die Brenndauer zusätzlich erhöht. Zu den weiteren Ausrüstungsgegenständen zählen Handschuhe, um die Hände vor rostigen und scharfen Kanten zu schützen sowie ein Messer, um Netze, Taue oder Drähte, an denen man sich eventuell verfangen hat, zu durchtrennen. Der Einsatz einer Führungsleine, auch als Reel oder Ariadnefaden bezeichnet, wie er beim tieferen Eindringen in ein Wrack erforderlich ist, verläßt sicherlich das Gebiet des normalen Sporttauchens und setzt eine spezielle Ausbildung voraus.

Orientierung

Bevor das Innere eines Wracks erkundet wird, sollte ein Überblick über das Wrack, seinen Zustand und seine Lage gewonnen werden. Am besten gelingt dies aus einer gewissen Entfernung. Im Anschluß an diese erste Übersicht können einzelne Details erkundet werden. Bei größeren Wracks wie z.B. der Thistlegorm sind hierfür mehrere Tauchgänge notwendig.

Eine Orientierung in den Innenräumen eines Wracks fällt ungleich schwerer. Wer schon einmal mit einem großen Schiff gefahren ist, wird schnell bemerkt haben, wie schwer es ist, sich trotz Beleuchtung und Beschilderung zurechtzufinden. Die Orientierung wird nach dem Sinken eines Schiffes noch durch geborstene Wände, verschobene Ladung, Dunkelheit und schlechte Sicht enorm erschwert. Die schräge Lage eines Wracks kann das gewohnte Bild zusätzlich komplizieren. So gelangt man bei einem Schiff, das um 90 Grad gekippt ist, nicht durch Auf- oder Abtauchen von einem Deck zum nächsten, sondern durch Tauchen nach rechts oder links. Bedingt durch die Eisenteile eines Wracks verändert sich das Erdmagnetfeld im und um das Wrack herum. Der sonst hilfreiche Kompaß ist beim Wracktauchen somit wertlos. Zur Orientierung ist man somit auf die natürlichen Gegebenheiten angewiesen.

Sicht

Das Innere von Wracks hat vieles mit Höhlen gemeinsam. Mangelnde Strömungen führen zu Ablagerungen eines sehr feinen Sediments, welches nahezu alles gleichmäßig bedeckt. Oft reicht ein einziger Flossenschlag aus, um innerhalb von Sekunden die Sicht auf Null sinken zu lassen. Um dies zu vermeiden, muß auf eine exakte Tarierung geachtet werden. Der Einsatz von Flossen sollte in den Innenräumen eines Wracks nur sehr dosiert erfolgen. Am günstigsten benutzt man in engen Räumen die Hände zum Vorwärtskommen, wobei auch hier hektische Bewegungen vermieden werden sollten. Ein weiteres Problem ergibt sich durch die aufsteigenden Luftblasen. Sie lösen beim Erreichen der Decke kleine Rostpartikel und Mulm ab, die die Sicht zusätzlich beeinträchtigen. Bereits beim Eindringen in einen Raum sollte der Ausgang im Auge behalten werden, um bei möglicher Eintrübung des Wassers diesen wieder sicher erreichen zu können.

Noch nach 50 Jahren scharf: Finger weg von Munition wie dieser

Psyche

Einer der größten Risikofaktoren beim Wracktauchen ist die Psyche. Dunkelheit, schlechte Sicht und die Tatsache, rundherum von Wänden umgeben zu sein, die ein direktes Auftauchen unmöglich machen, erzeugen bei den meisten Menschen eine gewisse innere Unruhe. Kleinere ansonsten harmlose Zwischenfälle, wie zum Beispiel die Unachtsamkeit des Tauchpartners, der mit seiner Flosse die Maske dem anderen vom Kopf reißt, führen in dieser angespannten Situation schnell zu Angst, die leicht in Panik umschlagen kann. Aus ihr resultieren zumeist unkontrollierte Reflexhandlungen, die fatale Folgen nach sich ziehen können.

Zum Wracktauchen ist neben Training und Erfahrung eine stabile Psyche sowie Ehrlichkeit der Tauchpartner untereinander unabdingbar. Unsicherheiten und Ängste müssen offen dargelegt werden, um Situationen zu vermeiden, in denen beide Tauchpartner ihre Grenzen überschreiten. Konstellationen, bei denen die Partner gegenseitig meinen, der andere Partner werde die Lage schon beherrschen, geraten bei kleinsten Zwischenfällen völlig außer Kontrolle.

Munition

Ein besonderer Reiz geht von der Kriegsladung einiger Schiffe aus. So bilden die tonnenweise neben der Minija liegenden Granaten, MG- und Flakmunition sowie Minen eine der Hauptattraktionen des Wracks bei Hurghada. Sie haben allerdings im Laufe der Jahre nichts von ihrer Gefährlichkeit verloren. Leidvolle Erfahrungen beim Bergen von Munition zeigen immer wieder, daß die Zünder selbst in stark verrostetem Zustand zumeist noch intakt sind. Auch „harmlos" wirkende MG-Munition kann äußerst gefährlich sein. Bei einem Teil der Munition handelt es sich um Leuchtspurgeschosse. Sie enthalten Phosphor, der bei geringer Korrosion der Hülse an der Oberfläche in Verbindung mit Luftsauerstoff zur Selbstentzündung neigt. Aus diesem Grund gilt: Man darf sich alles ansehen, berühren oder entfernen darf man nichts!

Checkliste

- Plane Deinen Wracktauchgang
- Keine Zusatzrisiken wie Nacht-, Deko- oder Strömungstauchgänge
- Beachte aufkommende Strömungen
- Doppelte Sicherheit bei Luft und Licht
- Betauche nur ungefährliche Innenräume, nicht zu weit in das Wrack eindringen
- Behalte beim Hineintauchen immer den Ausgang im Auge
- Verwendung von Leinen verläßt den Bereich des Sporttauchens
- Schwebe und tariere in Innenräumen, keine starken Flossenschläge
- Finger weg von Munition und unbekannten Frachtstücken
- Tauche nur an der Anker- oder Bojenleine auf
- Sicherheitsstop oder Dekopause nie im freien Wasser

Die Tierwelt der Wracks

Unmittelbar nach der Tragödie des Untergangs beginnt die Besiedlung des Havaristen. Die ersten, die sich im ständigen Kampf um neuen Lebensraum auf den Außenbordwänden, Decks und Aufbauten ansiedeln, sind Algen. Bereits wenige Wochen nach einem Untergang finden sich die ersten dieser Pflanzen auf dem Wrack. Vor allem in den warmen lichtdurchfluteten Gewässern des Roten Meeres herrschen optimale Bedingungen. Die nächsten Siedler am Wrack sind Korallen und Schwämme. Wurden die Oberflächen des Schiffes nicht mit giftigen Farben, die das unerwünschte Wachstum vermeiden sollten, gestrichen, siedeln sie sich nach geraumer Zeit an. Da sie einen harten Untergrund benötigen, stellt das Wrack ein optimales Fundament für sie dar. Zu den begehrtesten Wohnlagen zählen die exponierten Stellen, an denen die Strömung die meiste Nahrung liefert. Die farbenprächtigen Weichkorallen besetzen diese Positionen zuerst. Ihr pflanzenhaftes Aussehen täuscht darüber hinweg, daß es sich bei ihnen um Tiere handelt. Ihre mit Nesselzellen bepackten Polypen fangen vorbeidriftendes Plankton. Länger für die Besiedlung benötigen Steinkorallen und Gorgonien. Diese Nachzügler haben es schwer und erkämpfen sich ihren Wohnraum mittels chemischer Substanzen. Im Laufe der Zeit überwuchern die miteinander konkurrierenden Arten das gesamte Wrack, so daß die ursprünglichen Strukturen nur noch schwer zu erkennen sind. Eine Ausnahme hiervon bilden die Innenräume. Korallen und Schwämme sind Filtriere und somit auf vorbeischwimmende Nahrung angewiesen. An einem natürlichen oder künstlichen Riff wie einem Wrack geschieht dies durch die Strömung. Da es diese in den Innenräumen von Schiffen nicht gibt, resultiert hieraus ein fehlendes Korallenwachstum. Ein weiterer Grund ist im Aufbau der Korallen begründet. Die meisten leben in einer Symbiose mit einzelligen Algen in ihrem Körpergewebe. Mit Hilfe des Sonnenlichtes sorgen sie für eine Bereitstellung von Nährstoffen, die zur Ernährung der Korallen notwendig sind. Das Licht im Wrackinneren reicht für die Photosynthese dieser Algen nicht aus.

Den seßhaften Bewohnern folgen andere Tiere wie Fische, Krustentiere, Nacktschnecken und Seeigel. Die Gründe für ihren Aufenthalt sind vielfältig. Die einen ernähren sich von den Korallen, die anderen suchen Schutz vor Räubern, die ihrerseits wiederum durch sie selbst angezogen werden. Zu den ersten Fischen zählen die Papageienfische. Diese tagaktiven Lippfischarten sind fast immer in Bewegung. Mit ihrem unverwechselbaren Gebiß schaben sie unermüdlich Algenbewuchs ab und

Längst dienen die Überreste der Container als neue Heimat für diese Schnapper

knabbern gelegentlich auch ganze Korallenstöcke ab. Ihre Ausscheidungsprodukte bilden wiederum die Grundsubstanzen für Korallen. Im Flachwasser nehmen Fahnenbarsche, Doktor- und Falterfische das Wrack in Besitz. Ihnen folgen die Räuber, unter denen die Familie der Zackenbarsche zahlenmäßig am meisten verteten ist. Mit einer Größe bis zu einem Meter ist der Rotmeer-Leoparden-Zackenbarsch (*Cephalopholis hemistiktos*) einer der häufigsten Jäger. Diese in der Regel im Halbdunkel stehenden Räuber schauen zumeist verhältnismäßig grimmig drein. Zu den größten Vertretern der Zackenbarsche zählen die relativ selten vorkommenden Kartoffel-Zackenbarsche (*Epinephelus tukula*). Sie können ein Gewicht bis zu 100 kg erreichen.

In schwer zugänglichen Ecken, dunklen Löchern und Spalten befinden sich die Behausungen von Muränen. Die nachtaktiven Räuber, auf deren Speisekarte Fische, Krebstiere und Kraken stehen, ziehen sich meist soweit in ihren Unterschlupf zurück, daß nur noch ihr Kopf hervorschaut. Ihre „Wohnung" teilen sich diese langen Räuber meist mit Putzergarnelen und Putzerfischen, die jedoch keinerlei Befürchtungen haben müssen, von ihrem "Hauptmieter" gefressen zu werden. Am häufigsten kommt die bis zu 3 Meter lange Riesenmuräne (*Gymnothorax javanicus*) vor, die gegenüber Tauchern wenig Scheu zeigt.

Andere Meeresbewohner finden hingegen Unterschlupf in den Innenräumen, die riesige künstliche Grotten und Höhlensysteme bilden. An den Eingängen zu Laderäumen, an großen Bruchstellen und anderen halbdunklen Orten, leben riesige Schwärme von Rotmeer-Glasbarschen (*Parapriacanthus guentheri*). Wie von Geisterhand dirigiert, schwimmen die kleinen, silbrigen Fische mal nach rechts, mal ruckartig nach links. In diesem grandiosen Schauspiel fällt es schwer, einen einzelnen Fisch längere Zeit zu fixieren, ein Problem, das auch ein Räuber hat. Ebenfalls nach dem Motto: „Gemeinsam sind wir stark" versammeln sich in den lichtarmen Innenräumen große Schwärme von Beilbauchfischen (*Pempheris vanicolensis*). Am Übergang zum dunklen Inneren eines Wracks stehen mit ihren langen Flossenstrahlen und überdimensional großen Brustflossen Rotfeuerfische. Majestätisch schweben sie dahin und lassen sich durch Taucher kaum aus der Ruhe bringen. Bei passender Gelegenheit stoßen sie blitzschnell auf ihre Beute zu. In acht sollte man sich bei diesen selbstbewußten Schwimmern vor ihren giftigen Rücken-, Bauch- und Afterflossen nehmen. Über ebenfalls giftige Flossen verfügen der Buckel-Drachenkopf (*Scorpaenopsis diabolus*) und der mit ihm häufig verwechselte Steinfisch (*Synanceia verrucosa* und *S. nana*), die zumeist gut getarnt, an dunklen Stellen auf Beute lauern.

Die Oase Wrack zieht aber auch Jäger aus dem offenen Wasser an. Zu ihnen zählen die in Schulen auftretenden bis zu 1,50 Meter langen Dunkelflossen-Barrakudas (*Sphyraena qenie*). Seltener zu beobachten ist der Große Barrakuda (*Sphyraena barracuda*). Trotz des imposanten Gebisses und des grimmigen Aussehens, ist der bis zu 2 Meter große Einzelgänger für den Menschen harmlos. Immer wieder tauchen Gruppen von Stachelmakrelen bei der Suche nach leichter Beute am Wrack auf. So schließt sich im Laufe der Zeit die Nahrungskette und aus dem Wrack wird ein eigenständiger Lebensraum.

Giftiger Bewohner: regungslos lauert der gut getarnte Steinfisch auf Beute

Besser als ihr Ruf: eine braune Riesenmuräne schaut aus ihrer Wohnhöhle

Die Wracks

Das Rote Meer wurde einer Vielzahl von Schiffen zum Verhängnis. Seit der Eröffnung des Suezkanals am 17.11.1869 nahm der Schiffverkehrs ständig zu. Allein im Golf von Suez ruhen hunderte von Wracks auf dem Meeresgrund. Nur eine Handvoll dieser Schiffe wird von Tauchern regelmäßig besucht. Die nachfolgend beschriebenen Wracks stellen die am häufigsten betauchten dar. Sie können teilweise nur durch Mehrtagestouren erkundet werden. In diesen Fällen sind entsprechende Vorbereitungen notwendig Als Bestandteil der Unterwasserwelt unterliegen auch Wracks ständigen Veränderungen. So können Teile eines Wracks bereits morgen durch die Naturgewalten zerstört werden, standorttreue Fische ihren Platz verlassen haben oder Artefakte von anderen Tauchern demontiert worden sein. Die zumeist exponierte Lage der Wracks kann dazu führen, daß das Wetter einen seit Monaten geplanten Wracktauchgang unmöglich macht. Wracktauchen setzt somit, neben dem nötigen taucherischen Können, ein hohes Maß an Flexibilität und Improvisationsvermögen voraus.

Fundstücke wie diese Amphore gehören in ein Museum und nicht in die eigene Vitrine

Bugstrahlruder (Salem Express)

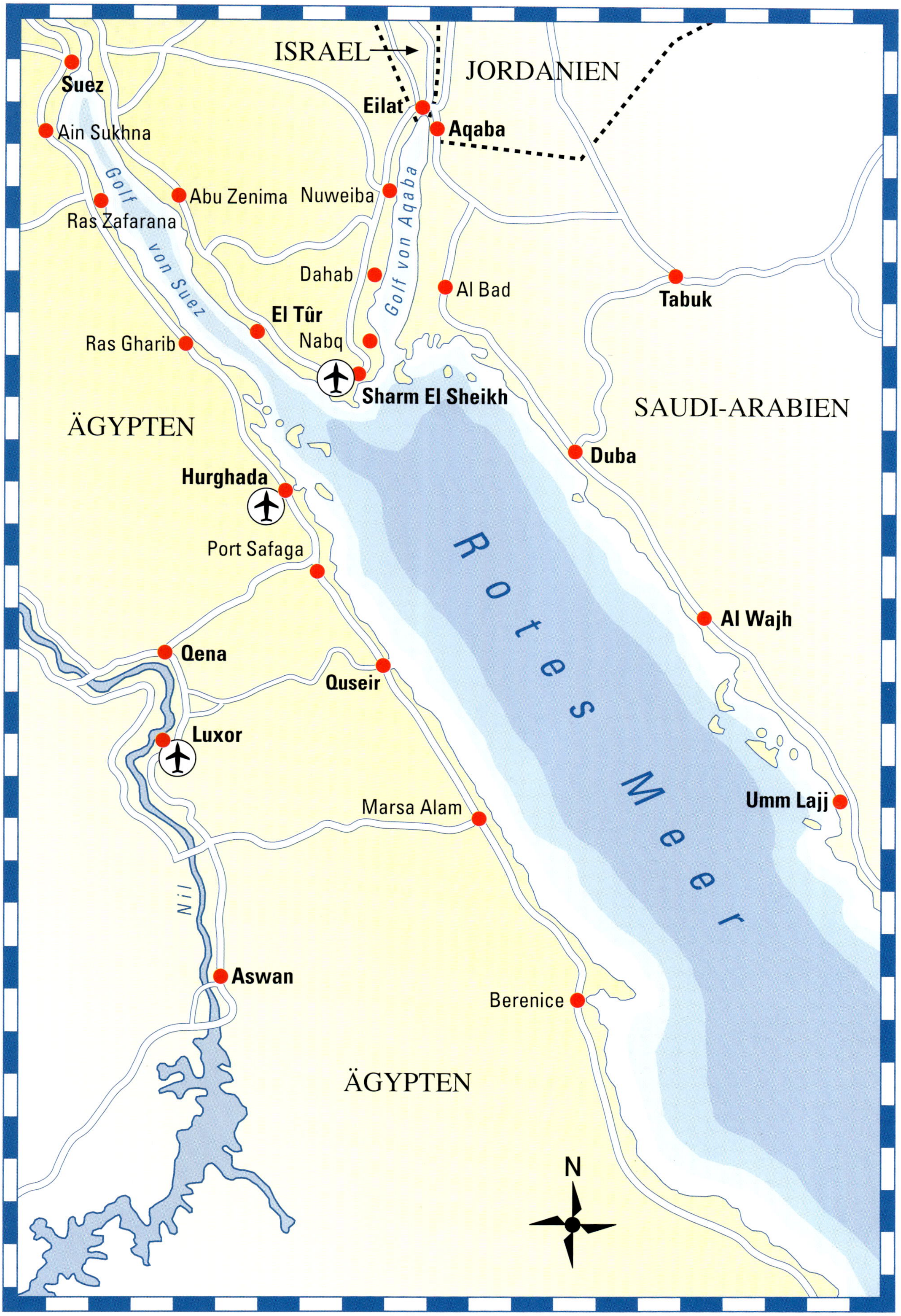
ISRAEL
JORDANIEN
Suez
Eilat
Aqaba
Ain Sukhna
Golf von Suez
Abu Zenima
Nuweiba
Golf von Aqaba
Ras Zafarana
Dahab
Al Bad
Tabuk
El Tûr
Nabq
Ras Gharib
Sharm El Sheikh
SAUDI-ARABIEN
ÄGYPTEN
Duba
Hurghada
Rotes Meer
Port Safaga
Al Wajh
Qena
Quseir
Luxor
Umm Lajj
Marsa Alam
Nil
Aswan
Berenice
ÄGYPTEN
N

1. Maria Schröder

GPS:	N 28° 11.33′ E 34° 28.00′
Ort:	Ostküste der Sinaihalbinsel nördlich der Oase Nabq
Maximale Tiefe:	13 Meter
Minimale Tiefe:	Das Wrack liegt auf dem Riffdach
Strömungen:	selten
Sicht:	zumeist gut
Schwierigkeiten:	Bei Nordwind und Seegang ist ein Tauchen an dieser Stelle unmöglich. Zum passieren der Polizeistation bei Nabq ist ein Reisepaß mit gültigem Visum für den Sinai erforderlich.
Gebaut:	1920
Bauwerft:	Trondhjems Mek Vaerks, Trondheim
Bau-Nummer:	unbekannt
Reederei:	Reederei Richard Schröder, Hamburg
Flagge:	deutsch
Länge über alles:	81 Meter
Breite:	12,9 Meter
Seitenhöhe:	keine Angaben
Tiefgang:	5,4 Meter
Tragfähigkeit:	5399 Tonnen
Vermessung:	1906 BRT
Antrieb:	Schweröldampfmaschine, Dreifach-Expansionsmaschine
Leistung:	1000 PS
Geschwindigkeit:	unbekannt
Kapitän:	Ulrich Tews
Besatzung:	30
Passagiere:	keine
Verluste:	keine
Ladung:	keine, fuhr in Ballast
Letzte Fahrt:	Von Aqaba nach Abu Zenima
Gesunken:	11.4.1956
Ursache:	Bei Starkwind und schlechtem Wetter vom Kurs abgekommen und gestrandet.

Gegen Mittag des 10.4.1956 verläßt der Dampfer Maria Schröder den Hafen von Aqaba. Da aufgrund der politischen Lage eine Passage der Meerenge von Tiran bei Dunkelheit nicht möglich ist, entschließt sich Kapitän Tews, die Nacht über in der großen Bucht El Kura nördlich von Nabq zu ankern. Ein aufkommender Sandsturm zwingt die Besatzung allerdings beim Einlaufen in die Bucht ihre Pläne zu ändern. Der Hamburger Frachter dreht bei und versucht die Nacht hier treibend zu verbringen. Zu diesem Zweck setzt er ein Sturmsegel, flutet

die Tanks und läßt zusätzlich einen Treibanker aus. Die heranpeitschenden Sandböen mit Windstärken von 8-10 Beaufort beeinträchtigen die Sicht rapide. Südlich der Bucht sind die Berge des Sinai ca. 5 Kilometer von der Küstenlinie entfernt. Angesichts dieser Bedingungen bemerkt die Schiffsführung viel zu spät, daß sie dem Riff gefährlich nahe kommt. Als unmittelbar vor dem Bug die Schaumkronen der Riffkante auftauchen, nützt auch ein verzweifeltes Ausweichmanöver nicht mehr, um das Schiff vor einer Kollision zu bewahren. Am 11. April 1956 um 0.52 Uhr läuft die Maria Schröder 12 km südlich der Bucht El Kura auf das Saumriff auf. Durch die Havarie reißt der Doppelboden des Schiffs auf und das darin befindliche Öl wird durch die Brandung in die Mannschaftsquartiere und die Decks gespült. Bei Tagesanbruch ist klar, daß die Besatzung nur über das Riff evakuiert werden kann. Dem zur Hilfe herbeieilenden Frachter „Werrastein" teilt die Maria Schröder über Funk mit, daß seine Hilfe nicht mehr benötigt wird und dieser dreht darauf hin ab. Die anbrandende See drückt das Schiff mehr

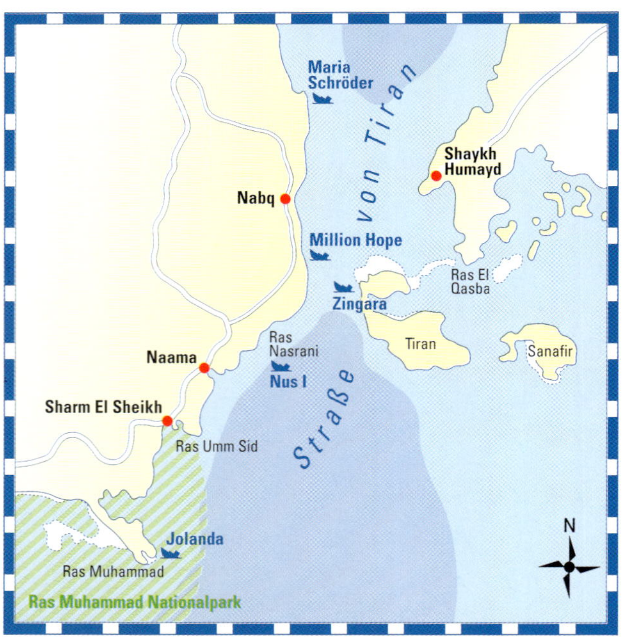

Im Laufe der Jahrzehnte zerschlug das Meer den Rumpf des Hamburger Frachters

und mehr auf das Riffdach. Am Nachmittag des 11. werden bis auf den Käpitän und 7 Mitglieder der Besatzung alle Mann mit dem Rettungsboot an Land gebracht. Dieser Rest verläßt den Havaristen erst 2 Tage später nach Abflauen des Sturmes. Ihm ist es jetzt möglich zu Fuß über das Riff zu laufen.

Der Totalverlust des Hamburger Frachters mit einem Schaden von 1,3 Millionen Mark hatte ein gerichtliches Nachspiel. Aufgrund der in der Unglücksnacht extrem schlechten Sichtbedingungen, der Tatsache, daß keine Mängel an den Sicherheitseinrichtungen des 1920 in Trondheim gebauten Schiffes nachweisbar waren und aus den übrigen Unterlagen ein Verschulden der Besatzung nicht eindeutig nachzuweisen war, kam das Seeamt Hamburg am 25.5.1956 zu dem Schluß, die Schiffsführung treffe kein Verschulden.

In den folgenden Jahren rottete der Dampfer mit seinen vier Laderäumen auf dem Riffdach vor sich hin. Die dreistöckigen Aufbauten waren innerhalb weniger Wochen von einheimischen Beduinen total ausgeräumt. Wie geparkt wirkt der aufrecht auf dem Riffdach um ca. 5 Grad nach Steuerbord geneigte Schiffsrumpf. Die landwärts ausladenden Ladebäume deuten darauf hin, daß sie zum Plündern von Brauchbarem nach dem Stranden verwendet wurden. Parallel zur Riffkante, mit dem Bug nach Norden ausgerichtet liegend, machte sich die See an dem

Wrack zu schaffen. Bereits nach 15 Jahren waren der gesamte Kiel ab Mittschiff bis zum Heck weggerostet und die übriggebliebenen Platten durch die Wellen zerschlagen. Das Oberteil des Decks verband, wie eine Schwebebrücke, das Mittschiff mit dem Heck. In der Folgezeit zerbrach der vordere Laderaum und ein kräftiger Herbststurm riß das Heck ins Wasser. Das schwere Erdbeben von 1996 gab der alten Dame fast den Rest. Lediglich die Überreste des Mittschiffs mit den nahezu vollständig in sich zusammengefallenen Aufbauten und der abgekippte Bug erinnern von weitem an ein Wrack.

Ein Tauchgang an der Maria Schröder ist weniger ein Wracktauchgang als vielmehr ein Abenteuerausflug mit Wrackatmosphäre. Die Region um die Oase Nabq herum wurde zum Naturschutzgebiet erklärt und 1992 dem Nationalpark Ras Muhammad angeschlossen. Der 4 km lange Mangrovenwald, der sich entlang der Küste erstreckt, ist der größte des ganzen Sinai. Die türkisfarbenen Lagunen und das dunkelblaue Meer stehen im Kontrast zur kargen Wüstenlandschaft und den schroff aufragenden Bergen des Sinai, die den Hintergrund dieser einmaligen Kulisse bilden. Bereits die Anfahrt zu diesem Tauchplatz ist ein Erlebnis für sich. Beim Verlassen der asphaltierten Straße hinter dem Flughafen von Sharm el Sheikh und angesichts der umzäunten Minenfelder rechts und links der Piste kommt schnell die Frage auf, ob diese Reise ans Ende der Welt führt. Der Jeep ruckelt über die staubige Piste und nach kurzer Zeit ist nichts mehr im Gepäck dort, wo es noch vor wenigen Minuten war. Bei der Kontrolle der Reisepässe am ägyptischen Polizeiposten nach 20 Kilometern ist alles mit einem gleichmäßigen Staubfilm überzogen, der es bis in die letzten Ritzen geschafft hat. 4 Kilometer hinter dem Kontrollpunkt tauchen dann die ersten Mangroven auf. Unweit der Verzweigung der Piste findet sich ein Parkplatz mit einigen Strohhütten. Die riesige Lagune mit ihrem türkisfarbenen Wasser ist in den Monaten Mai bis Oktober eine wunderschöne Open-Air-Badewanne. An ihr endet die Tour

Nach dem Erdbeben 1996 ist von der Maria Schröder nur noch wenig zurückgeblieben

Bizarr gebogen und mit Feuerkorallen überwachsen wirken Teile der Ladung wie moderne Kunst

für die Jeeps und die Tortur für die Taucher beginnt. Jenseits der Lagune, zwischen den Mangroven zunächst nur schwer auszumachen, sind die Überreste der Maria Schröder zu erkennen. Ausdrücklich sei an dieser Stelle noch einmal darauf hingewiesen, daß bei starkem Wellengang das Tauchen hier unmöglich ist, denn beim Überqueren des Riffs wird man schnell zum Spielball der Wellen. Der günstigste Einstieg befindet sich 50 Meter hinter dem Heck der Maria Schröder. Bis dorthin benötigen Sie allerdings ca. 30 Minuten und nur Taucher mit guter Kondition sind in der Lage, diese Strecke problemlos zu bewältigen. Am einfachsten ist diese Distanz bei Hochwasser zurückzulegen, da dann das Tauchgerät mit aufgeblasenem Jacket im seichten Wasser hinterhergezogen werden kann und nicht getragen werden muß. Eine weitere, streckentechnisch kürzere Alternative besteht in der Möglichkeit, die Lagune zu umfahren und sich dem Wrack von Norden zu nähern. Bei dieser Variante muß das Tauchequipment in jedem Fall getragen werden, da das Wasser zu flach ist.

Bereits nach wenigen Augenblicken sind Sie für alle erlittenen Strapazen entschädigt. Die Riffwand fällt seicht auf 16 Meter ab. Von dort aus geht sie in einen Sandgrund über, der sich nur langsam in größere Tiefen erstreckt. Die Steinkorallenformationen entlang des Riffs sind unbeschreiblich. Immer neue Formen und Farben ziehen den Taucher in seinen Bann. Die Wrackteile der Maria Schröder sind bereits teilweise Bestandteil der Unterwasserlandschaft geworden. Die beiden Anker, die ein Stranden des Schiffes verhindern sollten, sind kaum noch von ihrer Umgebung zu unterscheiden. Der obere liegt in ca. 5 Meter Tiefe und ist deutlich auszumachen, der untere in 8 Meter Tiefe ist nur schwer zu erkennen. Im Flachwasser bedeckt ein Teil der nur wenig bewachsenen Steuerbordwand die Korallenlandschaft. Zwei Lademasten liegen auf diesen Platten wie überdimensional große Eßstäbchen auf einer Schale. Wer das Chaos aus Wrackteilen näher inspiziert wird nach einiger Zeit Details wie Bullaugen, Aufgänge, Winschen und ähnliche Dinge entdecken. Im sonnendurchfluteten Wasser bilden sich immer wieder neue Reflexmuster auf den Eisenteilen. Fischschwärme ziehen unbeeindruckt von den Gästen durch das Riff. Schnell vergißt man bei diesem Tauchgang die Zeit und ein Blick auf das Finimeter mahnt zur Rückkehr an die Oberfläche, wo der beschwerliche Rückweg wartet.

Die Stahlplatten sind aufgrund der Brandung zum Teil nur spärlich bewachsen (oben)

Kaum zu erkennen sind hingegen die überwachsenen Fässer am unteren Ende der Riffwand

2. Million Hope

GPS:	N 28° 03.399′ E 34° 26.846′
Ort:	Nord Laguna Nabq
Maximale Tiefe:	25 Meter
Minimale Tiefe:	Ragt mit den Aufbauten aus dem Wasser.
Strömungen:	kaum
Sicht:	meist gut
Schwierigkeiten:	Tauchen nur bei wenig Wind und Seegang möglich, da das Wrack an der Riffaußenkante im flachen Wasser liegt
Gebaut:	unbekannt
Stapellauf:	1972
Bauwerft:	Koyo, Japan
Bau-Nummer:	Mihara Yard No. 632
Flagge:	Zypern
Reederei:	Blue Arrow Navigation
Länge über alles:	174,58 Meter
Breite:	24,8 Meter
Seitenhöhe:	22,15 Meter
Tiefgang:	12 Meter
Tragfähigkeit:	26847 Tonnen
Vermessung:	16.774 BRT
Antrieb:	Schweröl-Diesel
Leistung:	unbekannt
Geschwindigkeit:	unbekannt
Kapitän:	unbekannt
Besatzung:	11
Passagiere:	keine
Verluste:	keine
Ladung:	Phosphat
Letzte Fahrt:	Von Aqaba nach Sungei Rajang/Malaysia
Gesunken:	20.6.1996
Ursache:	Infolge eines Navigationsfehlers mit dem Riff kollidiert

Am frühen Abend des 20.6.1996 campiert eine Gruppe von Tauchern, Diveguides und Geschäftsleuten aus Sharm el Sheikh an der großen Lagune südlich des Kontrollpunktes in Nabq. Die untergehende Sonne taucht die Berge des Sinai und die der gegenüberliegenden Küste von Saudi Arabien in dunkelrote Farben. Der Blick von hier aus ist gigantisch; in Richtung Nordost schaut man weit in den Golf von Aqaba, vis-à-vis liegt die Küste von Saudi Arabien und in südwestlicher Richtung wirkt die

Insel von Tiran zum Greifen nah. Es scheint ein perfekter Abend abseits der Hektik von Sharm el Sheikh zu werden. Das üppige Barbeque und die gekühlten Getränke sorgen für eine ausgelassene Stimmung. Nach Einbruch der Dunkelheit beginnen die Temperaturen auf ein erträgliches Maß zu sinken. Der helle Sternenhimmel sorgt für das nötige Flair der Strandparty. Aus dem Dunkel des Golfs von Aqaba taucht die gewaltige Silhouette eines Schiffes auf. Die „Million Hope" steuert auf ihrem Weg von Aqaba nach Sungei Rajang in Malaysia die Straße von Tiran an. Der Massengutfrachter mit seinen vier markanten Kränen hat Phosphat geladen. Immer deutlicher hebt sich das Profil des Schiffes vom Hintergrund ab. Mark, ein Diveguide, fragt warum der große Pott so nah unter der Küste fährt. Während die Spekulationen über den Kurs der Million Hope anhalten, zerreißt ein dumpfes Stöhnen die Nacht. Das 170 Meter lange Schiff ist auf die Riffkante bei Nabq aufgelaufen. Auch die Kurskorrek-

Schon von weitem sind die aus dem Wasser ragenden Aufbauten und Kräne des riesigen Schiffes zu erkennen

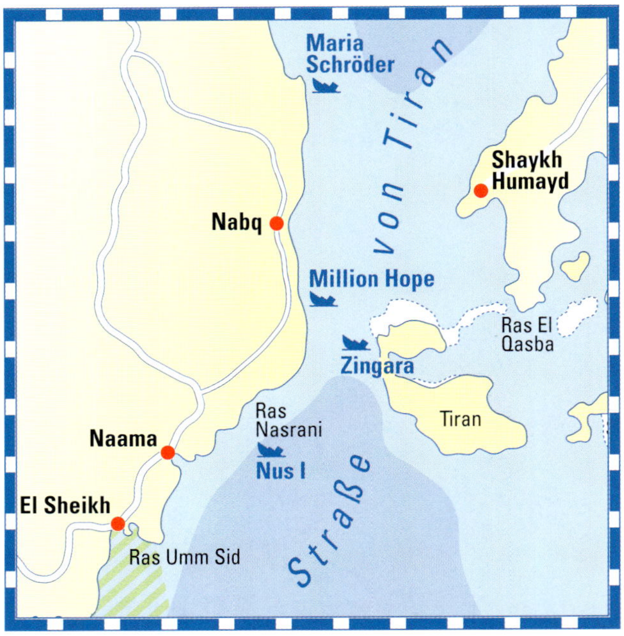

tur des Kapitäns, der das Riff kurz zuvor bemerkte, konnte den Zusammenstoß nicht mehr verhindern. An Bord ist bereits Sekunden nach der Kollision klar, daß das Schiff verloren ist. Die Million Hope hat sich auf Höhe der dritten Ladeluke wie eine Ziehharmonika zusammengeschoben. Die Partygäste am Strand erleben ein Feuerwerk. Die Besatzung schießt zunächst Leuchtraketen ab und beginnt kurze Zeit darauf, die Rettungsboote zu Wasser zu lassen. Wie durch ein Wunder wird bei diesem Unglück niemand ernsthaft verletzt. Das Schiff rutscht innerhalb von Stunden vom Riff und versinkt bis zur Höhe der Aufbauten im Meer.

Noch in der gleichen Nacht beginnen Beduinen das Wrack zu plündern. Wie es hierbei zum Brand kam, ist bis heute noch nicht geklärt. Im Laufe des kommenden Vormittags brennen die Aufbauten der Million Hope vollständig aus. Im Anschluß versucht eine Kommission zu klären, warum das Schiff vom Kurs abkam. Die Spekulationen reichen vom Navigationsfehler, über Versicherungsbetrug bis hin zu einem geschickten israelischen Anschlag auf die zukünftige Touristenregion um Nabq herum. Von Seiten der Mannschaft wird der Kapitän stark belastet. Nach ihren Angaben habe er den abgesetzten Kurs nicht eingehalten und sei deshalb auf das Riff aufgelaufen. Trotz der massiven Vorwürfe ließ sich ein Verschulden des Kapitäns nicht eindeutig nachweisen. Um weiteren Plünderungen vorzubeugen, wird das Wrack in den kommenden Monaten von der Polizei rund um die Uhr bewacht. Das sich in den Laderäumen befindliche Phosphat wird ebensowenig wie der Treibstoff aus den vollen Tanks abgepumpt. Nach der Installation eines Leuchtsignals für die Schiffahrt im Sommer 1997 liegt die Million Hope unbeachtet an der Riffkante der großen Lagune bei Nabq.

Die Million Hope liegt parallel zum Riff ca. 15 Grad nach Backbord geneigt. Sie bildet einen natürlichen Wellenbrecher und ermöglicht ein sicheres Einsteigen. Der erste Blick unter Wasser zeigt, daß der Schaden am Riff nicht so erheblich ist wie befürchtet. Eine große Einkerbung im Riff markiert die Stelle, an der das Schiff auflief. Die Überreste des auf dem Riffdach liegendem Bug gehören zum Wrack der Hey Daroma, die einige Jahrzehnte zuvor genau an dieser Stelle auflief. Ihre Überre-

Durch die Wellenbewegungen des Wassers schwingen die Tampen auf den Heckwinschen hin und her

ste werden jetzt vom mächtigen Schiffsrumpf der Million Hope verdeckt.

Am Heck in 20 Meter Tiefe befindet sich die riesige Schraube. Ihr Durchmesser beträgt nahezu 5 Meter. Das untere Propellerblatt ist bedingt durch den Aufprall stark verbogen. Das gewaltige Ruder wurde bei der Havarie abgerissen und liegt unmittelbar hinter der Schraube auf dem sandigen Grund vor dem Riff in einer Tiefe von 24 Meter. Entlang der Backbordseite geht es in Richtung Bug. Die heruntergelassene Gangway wird bereits von Lederkorallen unterschiedlicher Farben und Formen besiedelt. Parallel zum Schiff finden sich die bei der Kollision über Bord gefallenen Gegenstände: Tampen, Kabel, Rohre, Positionsleuchten und Kisten liegen weit verstreut herum. Die 16 Meter hoch aufragende Bordwand selbst hat wenig zu bieten. Auf Höhe der dritten Ladeluke ist die Million Hope wie eine Ziehharmonika zusammengeschoben. Der Defekt erscheint äußerlich gar nicht so massiv, dennoch führte er innnerhalb kürzester Zeit zum Untergang des Schiffs. Im Bereich des Bugs, der zur Hälfte aus dem Wasser ragt, imponieren die zwei gewaltigen Anker. Die Bugspitze selbst erscheint relativ unbeschädigt.

Auf dem Deck des Wracks macht einem der Seegang schnell zu schaffen. Die See wogt über das Oberdeck, das eine Maximaltiefe von 8 Metern aufweist. Durch die offenen Ladeluken ist problemlos ein Blick in den Bauch der Million Hope möglich. Das Phosphat in den Laderäumen löst sich langsam auf und läßt das Wasser milchig erscheinen. Einige Papageienfische haben sich offensichtlich an dieses lebensfeindliche Milieu angepaßt und huschen geschäftig durch die riesigen Räume. Die vier Kräne, die zwischen den Laderäumen stehen, werfen mit ihren Ladebäumen lange Schatten ins Wasser. Die Türen zu den Kränen stehen weit offen. In ihrem Inneren findet sich jedoch nichts mehr. Die Beduinen haben alles, was nicht niet- und nagelfest war, entfernt.

Vorbei geht es an den Aufbauten, die zum größten Teil aus dem Wasser ragen, zum Heck. Es wird von den großen Winschen und Kabeltrommeln dominiert. Die ausgefransten, ins freie Wasser hängenden Enden der zum Teil noch aufgewickelten Tampen wiegen sich, wie von Geisterhand bewegt, in der Dünung.

Die gewaltige Schraube war vonnöten, um das 16.774 BRT schwere Schiff zu bewegen

Das Phosphat aus den Laderäumen verhindert zur Zeit noch ein Korallenwachstum auf dem im Flachwasser liegenden Deck

(linke Seite) Interessante Motive für Halb- und- Halb-Aufnahmen bieten die aus dem Wasser herausragenden Aufbauten

3. Zingara

Nur selten verirrt sich ein Tauchboot in die Region der Laguna Nord unweit der Straße von Tiran. Die meisten Tagesboote aus Sharm el Sheikh besuchen die bekannten Riffe Gorden Riff, Thomas Riff, Woodhouse Riff oder das Jackson Riff im Norden. Die Drop-Off-Riffe locken zum einen mit einer atemberaubenden Unterwasser- Flora und -Fauna, zum anderen mit der Aussicht, einen der Big Boys, z.B. einen Hammerhai im endlosen Blau zu erspähen. Niemand kommt angesichts dieser Attraktionen auf den Gedanken, hier einen Wracktauchgang zu unternehmen.

Dabei ist die Straße von Tiran für die Schiffahrt eines der gefährlichsten Gewässer des nördlichen Roten Meeres. Sie liegt am Ausgang des Golfs von Aqaba und engt ihn wie ein Nadelöhr ein. Alle Schiffe, die den israelischen Hafen Eilat oder den jordanischen Hafen Aqaba anlaufen, müssen die schmale, nur 3 Seemeilen breite Passage zwischen dem Ras Nasrani auf der Sinaihalbinsel und dem großflächigen Riff, das die Insel von Tiran umgibt und sich bis zur saudiarabischen Insel Sanafir erstreckt, passieren. Dazwischen liegen die vier Riffe, die wie Bergspitzen aus dem über 1800 Meter tiefen Golf von Aqaba aufragen. Die in den Golf fahrenden Schiffe passieren in der Regel zwischen Nord-Laguna und Jackson Riff, die den Golf verlassenden Schiffe zwischen Ras Nasrani und Gordon Riff. Die vier Riffe stellen dabei eine erhebliche Gefahr dar. Nur bei Niedrigwasser liegen sie frei und sind somit zu erkennen. Bei Wind und Seegang lassen sie sich durch die Brandung auf dem Riffdach orten. Hinzu kommen die starken Strömungen. Bei Ebbe und Flut leert bzw. füllt sich der Golf von Aqaba durch diesen Engpaß. Hierbei treten bei größerem Tidenhub Strömungsgeschwindigkeiten von über 12 Knoten auf, die zu einer erheblich erschwerten Manövrierfähigkeit der Schiffe beitragen können. Diese Bedingungen wurden bereits einer Vielzahl von Schiffen zum Verhängnis. Die am 29.9.1981 auf das Gordon Riff aufgelaufene Loulica zählt heute zu einem der Wahrzeichen der Straße von Tiran. Von der 1982 gestrandeten Lara ist nach dem Abwracken nur noch wenig zu erkennen. Trotz moderner Navigationshilfen fallen immer wieder Schiffe den Riffen in der Straße von Tiran zum Opfer. 1996 strandete die 174 Meter lange Million Hope bei ihrer Einfahrt in die Straße von Tiran am nördlichen Ausläufer des Ras Nasrani bei Nabq.

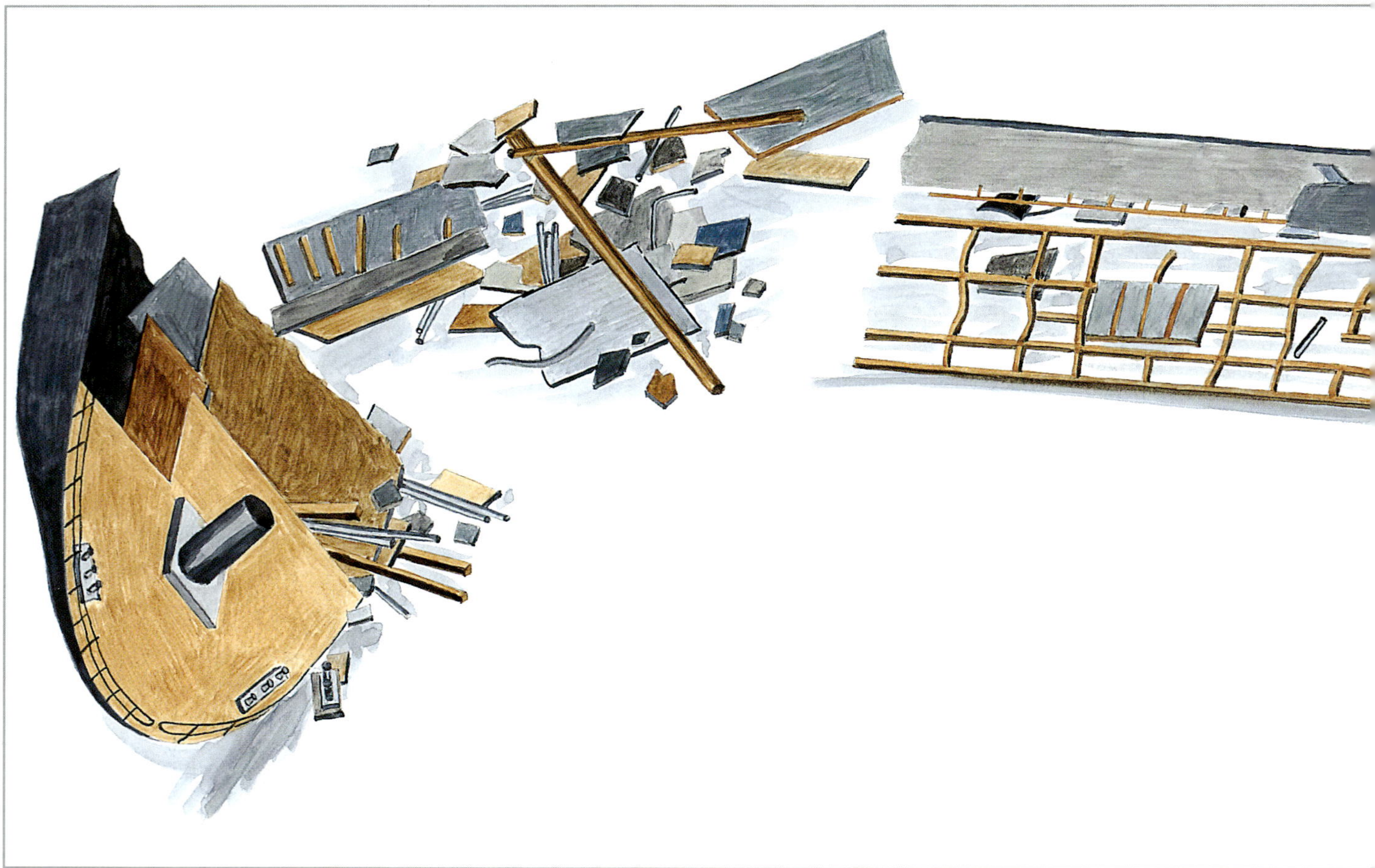

Gps:	N 28° 01,004' E 34° 29,602'
Ort	Nord Laguna Tiran Island
Maximale Tiefe:	9 Meter
Minimale Tiefe:	6 Meter
Strömungen:	teilweise stark
Sicht:	meist gut
Schwierigkeiten:	Tauchen nur bei wenig Wind und Seegang möglich, da das Wrack an der Riffaußenkante im flachen Wasser liegt
Gebaut:	2.4.1963 - Kiellegung
Stapellauf:	28.6.1963
Bauwerft:	Neptun Werft, Rostock
Bau-Nummer:	Nr. 521
Flagge:	Italien
Reederei:	Luisamar Italien
Länge über alles:	82,5 Meter
Breite:	12,6 Meter

Seitenhöhe:	6,7 Meter bis zum Hauptdeck, 4,3 Meter in Höhe des Zwischendecks
Tiefgang:	5,7 Meter
Tragfähigkeit:	1.615 Tonnen
Vermessung:	1.744 BRT
Antrieb:	Dieselmotor des VEB Maschinenbau Halberstadt, Typ 6 NVD 66 Au
Leistung:	1365 PS
Geschwindigkeit:	12 Knoten
Kapitän:	unbekannt
Besatzung:	unbekannt
Passagiere:	keine
Verluste:	keine
Ladung:	Phosphat
Letzte Fahrt:	Von Aqaba über Suez nach Limassol
Gesunken:	22.10.1984
Ursache:	Navigationsfehler

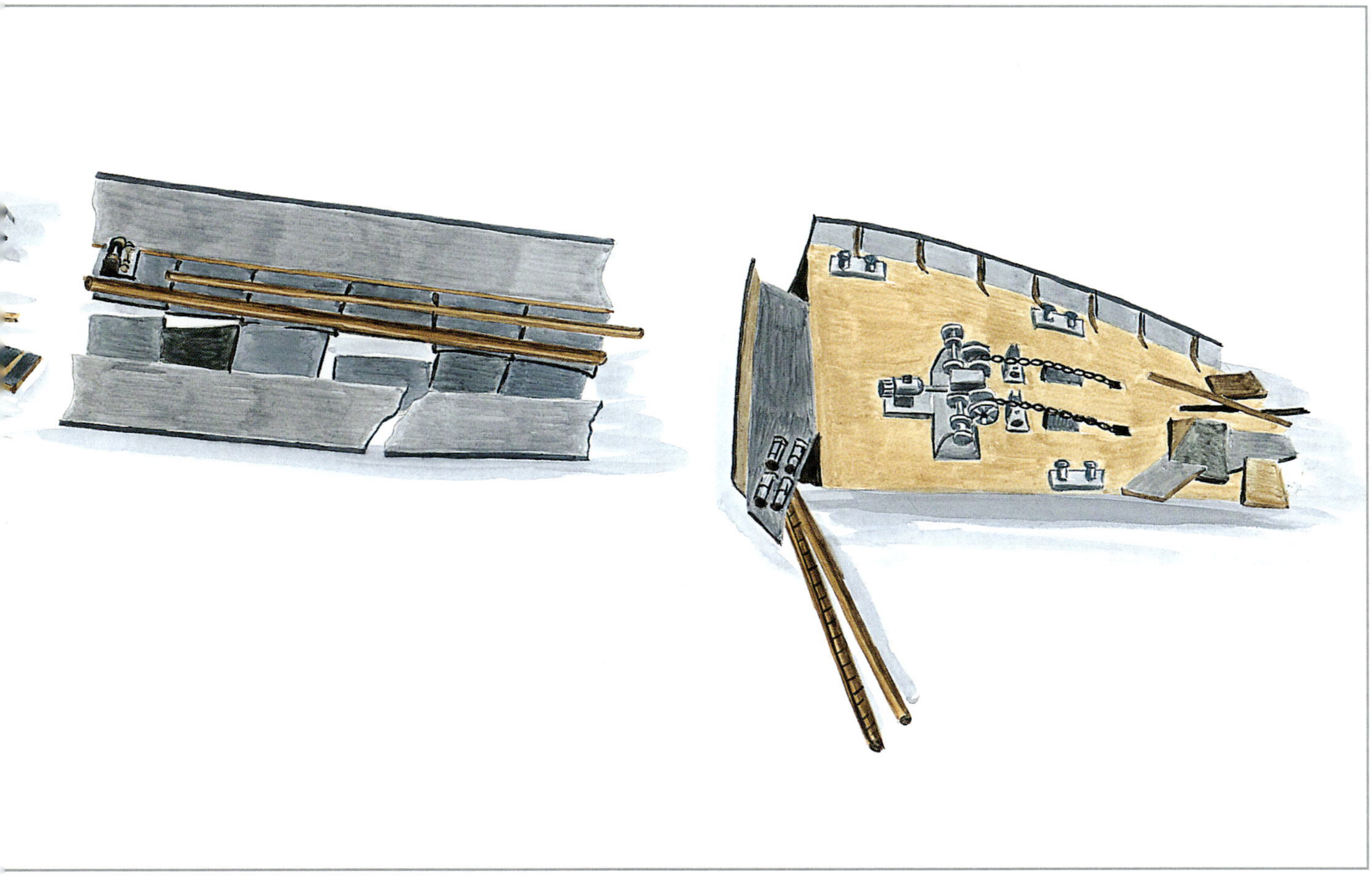

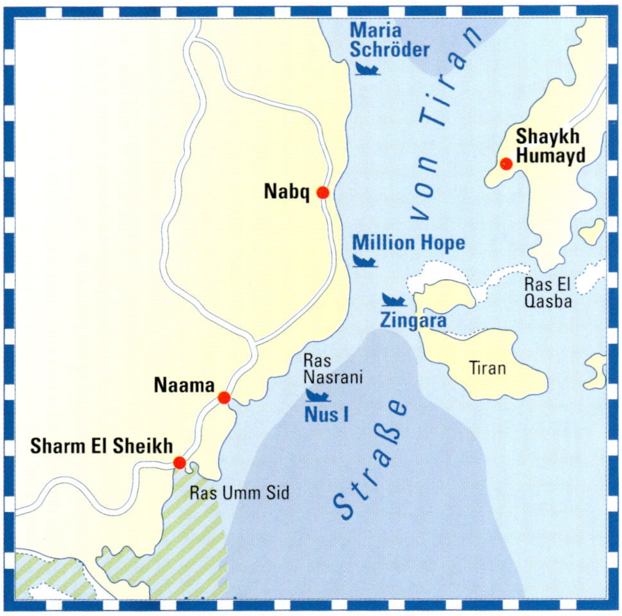

Auch das Wrack, das am nördlichen Eingang zur Laguna bei Tiran liegt, wurde Opfer dieser tückischen geographischen Besonderheiten. Der aufgeschweißte Schiffsname „Kormoran" sowie der Schriftzug des Heimathafens „Rostock" am Heck des Wracks ließ die Recherche zunächst äußerst einfach erscheinen. Das Schiff vom Typ „Framo" mit der Bauskizzennummer 128 wurde bei der Neptunwerft in Rostock gleich achtmal auf Kiel gelegt. Neben der Albatros, Bussard, Condor, Falke, Flamingo, Pinguin und Seeadler lief die Kormoran am 28.6.1963 vom Stapel. Das einschraubige Trockengutfrachtschiff mit zwei Decks fuhr unter der Flagge der Seereederei der DDR. Am 25.2.1976 lief es in den finnischen Schären bei Isokari Boddenvik auf Grund und wurde aufgegeben. Hier verlor sich die Spur der Kormoran, deren Überreste nicht in Finnland, sondern an der Nord Laguna bei Tiran liegen. Eine Recherche bei Lloyd´s in Hamburg und London führte schließlich zur griechischen Firma Aegean Constellation Inc.. Sie hatte das aufgegebene Schiff freigeschleppt und wieder flottgemacht. Bis 1980 lief es mit dem Namen Adamastos unter griechischer Flagge. Im gleichen Jahr kaufte die Luisamar Reederei in Italien den Schüttgutfrachter auf und benannte ihn in Zingara um.

Ein Tauchgang an der Zingara ist sicherlich nicht so spektakulär wie an den bekannten Wracks Dunraven oder Thistlegorm im Golf von Suez. Dennoch haben ihre Überreste einen eigenen Charme. Bei der Kollision mit dem Riff zerbrach die Zingara mittschiffs. In den folgenden Jahren zerschlug der starke Seegang zunehmend das gesamte Schiff. Inzwischen sind nur noch Heck und Bug gut erhalten. Der Seegang, der zumeist auch ein Tauchen am Wrack unmöglich macht, verhinderte einen stärkeren Bewuchs, so daß die Überreste der Zingara nur von wenigen Hartkorallen bewachsen sind. Aufgrund der geringen Tiefe sorgt das Sonnenlicht für stimmungsvolle Lichtreflexe auf den vor der Riffwand liegenden Wrackteilen.

Das abgebrochene Heck liegt um 80 Grad nach Steuerbord gekippt und ragt mit der Backbordseite aus dem Wasser. Es ist schon aus größerer Entfernung zu erkennen. An der vierblättrigen Schraube in 8 Meter Tiefe ist das rechte Propellerblatt, bedingt durch den Aufprall, stark verbogen. Gut lassen sich die aufgeschweißten Buchstaben des Schriftzugs „Kormoran" auf der Backbordseite erkennen. Das „R" von Rostock, dem alten Heimathafen, ist ein wenig undeutlich. In Richtung mittschiffs ist das 16 Meter lange Heck abgeschnitten und gewährt so einen Einblick in den halb offenliegenden Maschinenraum. Dominiert wird dieser von der 1365 PS

Neben dem Bug bildet das relativ gut erhaltene Heck eine der Hauptattraktionen der Zingara

starken Dieselmaschine. Von einem Erforschen der Innenräume sei aufgrund des maroden Zustandes und der erheblichen Einsturzgefahr in jedem Fall abgeraten. Die zerschmetterten Überreste der dreistöckigen Aufbauten sowie der Brücke bilden das Trümmerfeld rechts neben dem Heck. In dem Chaos aus Metallplatten, Rohren, Treppen und Kabeln zählen vor allem die Bullaugen zu begehrten Souvenirs.

Die Überreste des Mittschiffs ziehen sich vom Heck aus steuerbords parallel zum Riff. Kreuz und quer verteilt liegen die Teile des Rumpfes auf dem 6 bis 9 Meter tiefen, mit Steinkorallen überwachsenen Meeresgrund. Unmittelbar hinter den Trümmern der Aufbauten befindet sich der hintere Lademast der Zingara, an dem deutlich die Halterungen für die Ladebäume zu erkennen sind. Die dazugehörigen Ladebäume liegen nur wenige Flossenschläge entfernt. Gut erhalten ist ein längerer Deckabschnitt des Backbord-Mittschiffs ohne Reling. Parallel dazu liegen die Spanten und Querstreben des Rumpfes und die dazu passende Schiffsaußenwand. Beachtenswert ist die ca. 1 Meter große Tischkoralle, die an dieser Stelle an einem aufrechtstehenden Rohr wächst. Im Anschluß an den hinteren Laderaum erstrecken sich die Überreste der einstöckigen Mittschiffsaufbauten, die um 180 Grad verdreht auf dem Kopf liegen. Gut zu erkennen sind die zwei Winschen und der mittlere Lademast mit parallel liegendem Ladebaum. Weiter in Richtung Bug folgt der vordere Laderaum des flach gebauten Schüttgutfrachters. Auch hier leistete die See ganze Arbeit. Vom Rumpf sind lediglich einige Spanten, ein Teil der Außenbordwand und des Oberdecks zu identfizieren.

Nur mühsam lassen sich die zahlreichen Schiffsteile im Trümmerfeld identifizieren

Decksabschnitte und ein Teil des Mittschiffskranes markieren den Weg vom Heck zum Bug

Der Bug der Zingara liegt in einer Tiefe von 6 Metern in das Riff eingekeilt. Auf dem erhaltenen um ca. 20 Grad nach Steuerbord geneigtem Vordeck ist die mächtige Ankerwinsch mit ihren Elektromotoren zu bestaunen. Die Bugspitze selbst ist zerstört. Die Backbordwand lehnt gegen das Riff, wohingegen an der Steuerbordwand der aufgeschweißte Schriftzug „Kormoran" zu erkennen ist. Das tieferliegende Vorschiffdeck mit den dazugehörigen Ladewinschen befindet sich unmittelbar vor dem Bug. Der vordere Lademast mit dem parallel liegenden Ladebaum ragt zur backbordseitigen Riffwand auf.

Unter der abgeblätterten Farbe kommt der alte aufgeschweißte Name der Zingara zum Vorschein.

Noch immer betriebsbereit wirkt die Ankerwinsch

4. Nus I

Es ist ein ruhiger Abend. Unweit des White Knight Riffs bei Sharm el Sheikh dümpelt die NUS I vor Anker. Alles deutet auf eine ruhige Nacht hin als plötzlich schwarzer Rauch aus der Kombüse aufsteigt. Die Gründe des Feuers sind bis zum heutigen Tage nie eindeutig geklärt worden. Rasch greifen die Flammen um sich. Bereits nach wenigen Minuten ist klar, daß das Safariboot verloren ist. Aufbauten und Heck brennen völlig aus. Eine explodierende Gasflasche reißt ein großes Loch in die Steuerbordseite des Schiffes. Durch die Wucht der Explosion

GPS:	keine Angaben
Ort:	White Knight Riff/ Sharm el Sheikh
Maximale Tiefe:	26 Meter
Minimale Tiefe:	17 Meter
Strömungen:	kaum
Sicht:	meist gut
Schwierigkeiten:	Anfängerwrack ohne besondere Ansprüche und Schwierigkeiten
Gebaut:	unbekannt
Stapellauf:	1990
Bauwerft:	unbekannt
Bau-Nummer:	unbekannt
Flagge:	Ägypten
Reederei:	Privatschiff unter ägyptischer Flagge
Länge über alles:	18 Meter
Breite:	4,5 Meter
Seitenhöhe:	ca. 2,7 Meter
Tiefgang:	ca. 1,6 Meter
Tragfähigkeit:	unbekannt
Vermessung:	unbekannt
Antrieb:	Dieselmaschine
Leistung:	2 x 210 PS
Geschwindigkeit:	9 Knoten
Kapitän:	unbekannt
Besatzung:	4
Passagiere:	8
Verluste:	keine
Ladung:	keine
Letzte Fahrt:	Tauchsafari in der Straße von Tiran
Gesunken:	1993
Ursache:	Brand in der Kombüse

werden Tauchflaschen, Kompressor und andere Gegenstände meterweit fortgeschleudert. Nach diesem Todesstoß sinkt die NUS I mit dem Heck voran langsam zur Steuerbordseite kippend und verabschiedet sich mit einem lauten Zischen von der Oberfläche.
Heute findet sich der Rumpf der NUS I mit dem Kiel nach oben liegend in einem Winkel von ca. 45° zum Riff. Der gut erhaltene Bug in 17 Meter Tiefe bildet einen idealen Unterschlupf für Zackenbarsche. Der Rumpf selbst ist kahl und noch unbewachsen. Im Bereich des Bugs sowie auf der Steuerbordseite mit ihren drei kleinen Bullaugen sind deutliche Brandspuren zu erkennen. Die beiden Schrauben am Heck des Schiffes wurden 1996 demontiert. Mittschiffs auf der Steuerbordseite kann ein Blick in das hohle Innere geworfen werden. Es ist jedoch äußerste Vorsicht geboten, da diese Stelle zumeist von einem Schwarm von Rotfeuerfischen bewacht wird, der dem neugierigen Taucher nur widerwillig einen Blick in seine gute Stube gewährt. Dies ist jedoch völlig unberechtigt, denn außer angekohlten Spanten ist dort wenig zu ent-

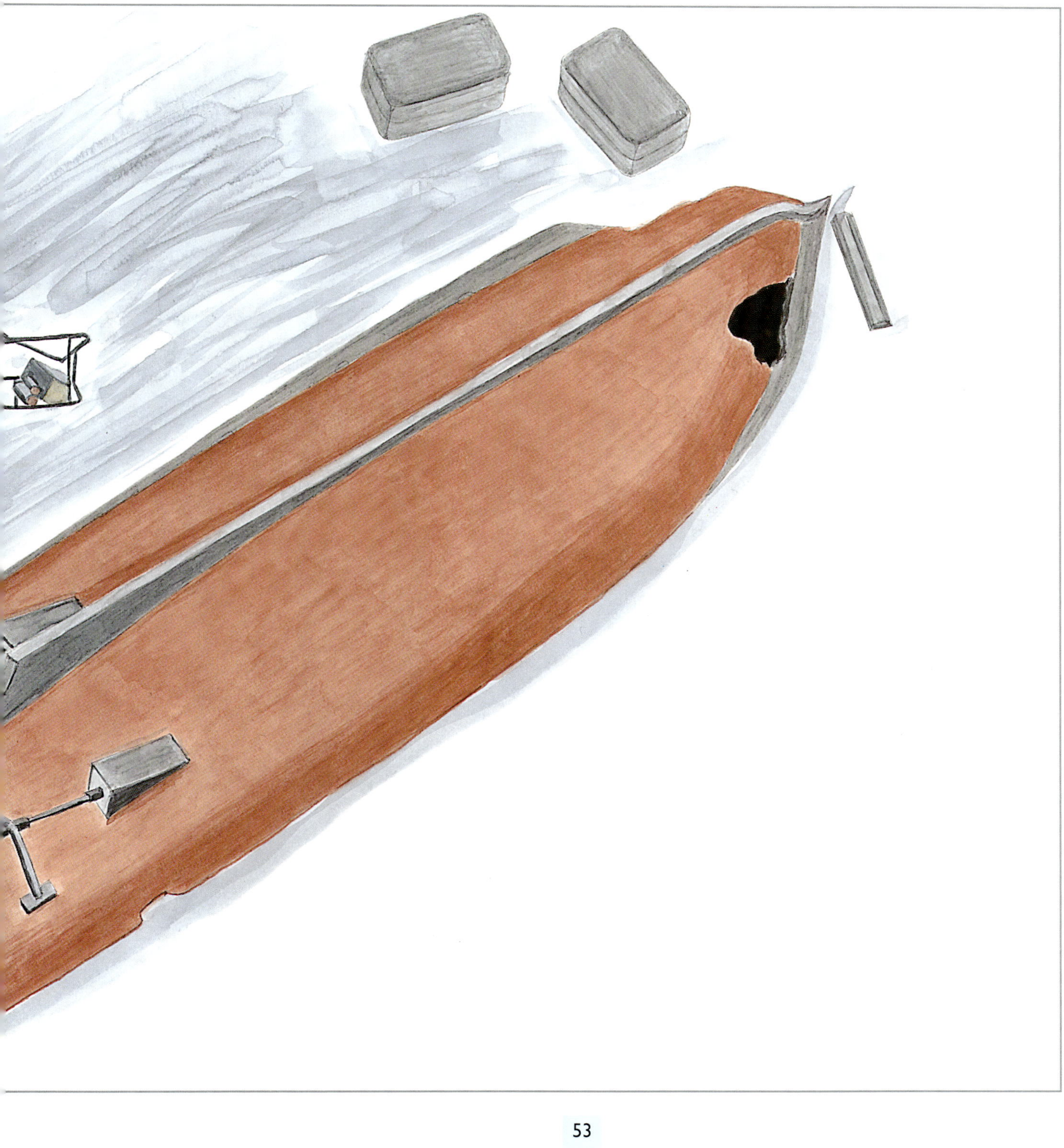

decken. Im Trümmerfeld, das sich zwischen dem Wrack und der Riffkante ausbreitet, finden sich die Überreste des Inventars der NUS I. Unübersehbar sind die zwei großen Tanks, die wie Bauklötze in der Unterwasserlandschaft wirken. Unweit der auf dem Kopf liegenden Heckplattform lagern eine Anzahl von Tauchflaschen. In 9 Meter Tiefe oberhalb des Bugs steht der kleine Generator aufrecht auf dem Grund.

Zumeist wird die NUS I von Tauchergruppen besucht, die am unweit entfernt liegenden White Knight Riff beziehungsweise am Canyon tauchen. Dieser Tauchplatz zählt zu den regelmäßig angefahrenen Gebieten von Tagesbooten aus Sharm el Sheikh. Warum die eher trostlos wirkende Riffwand den blumigen Namen „Weißer Ritter" trägt, ist unklar. In jedem Fall ist der Canyon einen Besuch wert. Schon von weitem ist sein oberer Einstieg deutlich an der riesigen Salatkoralle auf einem Felsen in 10 Meter Tiefe zu erkennen. An der dem Riff zugewandten Seite beginnt in 12 Metern der Canyon, der sich von hier aus in südöstlicher Richtung schräg zur Riffkante zieht. Die teilweise überhängenden Wände rücken mit zunehmender Tiefe enger zusammen. In 30 Metern bilden sie rechts und links eine regelrechte Mauer, die einen schmalen Durchgang bildet. Ein wenig später läuft der Canyon in 39 Metern auf einem Sandplateau mit einer sich anschließenden Abbruchkante aus. Die Wände mit ihren Spalten und Nischen sorgen bei genauer Betrachtung immer wieder für Überraschungen.

Ein Taucher erkundet die Überreste des Safaribootes

Durch die Wucht der Explosion wurden die Ventile von den Tauchflaschen gerissen. (rechte Seite oben)

Am Bug sind die Brandspuren deutlich zu erkennen. (rechte Seite unten)

5. Jolanda

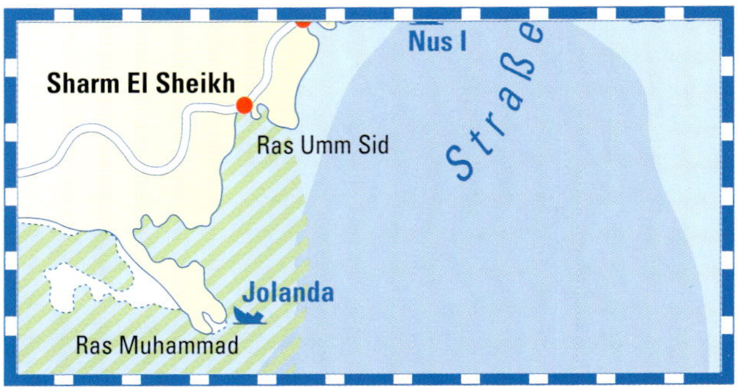
Nus I
Straße
Sharm El Sheikh
Ras Umm Sid
Jolanda
Ras Muhammad

Ein Tauchgang an der Jolanda ist zumeist Bestandteil eines Tauchgangs am Ras Muhammad, der südlichsten Spitze der Sinaihalbinsel. Dem Ras Muhammad sind zwei kleinere Riffe vorgelagert, das Shark Riff und das Jolanda Riff. An dieser Stelle treffen der Golf von Aqaba und der Golf von Suez aufeinander. Die enormen Wassermassen, die durch die Gezeiten verschoben werden, können für starke Strömungen sorgen. Diese verlaufen in unterschiedlichste Richtungen und können innerhalb von Minuten

GPS:	N 27° 43,328` E 34° 15,520`
Ort:	Jolanda Riff, Ras Muhammad, Sinai
Maximale Tiefe:	Über 180 Meter
Minimale Tiefe:	11 Meter
Strömungen:	häufig Strömung, teilweise abwärtsziehend und sehr stark
Sicht:	meist gut
Schwierigkeiten:	Die Hauptschwierigkeit eines Tauchgangs an der Jolanda liegt in der nicht berechenbaren ständig wechselnden Strömung. Auf jeden Fall sollte den Anweisungen der Guides Folge geleistet und entsprechende Seenotsignale mitgeführt werden.
Gebaut:	1964
Stapellauf:	unbekannt
Bauwerft:	Gijon/Spanien
Bau-Nummer:	unbekannt
Flagge:	Zypern
Reederei:	Seabrother Marine
Länge über alles:	74,78 Meter
Breite:	11,67 Meter
Seitenhöhe:	5,80 Meter
Tiefgang:	4,9 Meter
Tragfähigkeit:	1.907 Tonnen
Vermessung:	1053 BRT
Antrieb:	MAN-Diesel, 9 Zylinder
Leistung:	1.230 PS
Geschwindigkeit:	13 Knoten
Kapitän:	unbekannt
Besatzung:	unbekannt
Passagiere:	1
Verluste:	keine
Ladung:	Container mit Sanitärobjekten der Firma Ideal Standard, Rohre, Whiskyflaschen, 1 PKW Marke: BMW 320
Letzte Fahrt:	Alexandria nach Aquaba
Gesunken:	2.4.1980
Ursache:	Navigationsfehler der betrunkenen Besatzung

aufkommen oder nachlassen. Besonders werden von den Tauchguides die abwärtsziehenden Strömungen zwischen den Riffen gefürchtet. Sie sind am stärksten bei Vollmond. Da es nur einen Ankerplatz hinter dem Jolanda Riff gibt, der zudem im offenen Wasser liegt, also meist in der Strömung, sollte ein Tauchgang in dieser Region gründlich geplant sein.

Kein anderer Tauchplatz im nördlichen Roten Meer hat soviel zu bieten wie dieser. Die Nord- und Ostseite des Shark Riff fallen senkrecht auf 200 Meter ab. An der Nordostecke, wo das Plateau in einem Canyon ausläuft, bevor es sich in 24 Metern abrupt im unendlichen Blau verliert, sind in einer Tiefe von 22 Metern einige schöne Gorgonien anzutreffen. Von Ende April bis Anfang September versammeln sich hier riesige Fischschwärme. An der nordöstlichen Ecke steht eine gigantische Schule von Schnappern, die so groß sein kann, daß, wenn man unter sie taucht, kaum noch Licht von der Oberfläche zu sehen ist. Ein wenig weiter südlich der Schnapper hält sich eine große Fledermausfischschule auf. Wer an dieser Stelle ins offene Wasser späht, wird etwas großes Blitzendes sehen. Eine riesige Barrakudaschule ist in einer Tiefe von 20-30 Metern auszumachen. Bei Strömung bleibt nur wenig Zeit für einen Aufenthalt, da man sonst am Plateau an der Südwestseite des Shark Riff vorbeitreibt. Aber auch sonst hat die Wand viel zu bieten. Zahlreiche kleine Höhlen laden zum Erforschen ein. Im Flachwasserbereich bis zu einer Tiefe von 15 Metern ist sie mit Weichkorallen bewachsen. Die vielen Überhänge und das unendliche Dunkelblau unter einem lassen einen schnell Zeit und Tiefe vergessen. Aber Vorsicht, zügig ist man am Plateau in 24 Meter Tiefe vorbeigetrieben und dann gibt es keinen Halt mehr!

Das zweite, weiter westlich gelegene kleine ovale Riff erhielt seinen Namen durch den zypriotischen Frachter Jolanda, der hier in der Nacht vom ersten auf den zweiten April 1981 auflief. Der eilig auf das Riffdach geworfene Anker verhinderte allerdings das Sinken des Schiffes nicht und 3 Nächte später rutschte es komplett auf das Plateau vor dem Riff. Obwohl sich die Jolanda mühselig an der Südwestseite des Riffs festklammerte, lag sie äußerst instabil. Bereits im Mai 1981 rutschte sie weiter ab. Ihr Bug war an das Riff angelehnt, während das Heck mit der Schraube in 50 Meter Tiefe ins offene Wasser überstand. Die Kräne ragten trotzig aus dem Wasser. Trotz der ständigen Gefahr des Abrutschens, zählte das Wrack zu den beliebtesten der Region. Während eines mächtigen Sturms am 15.3.1987 siegte das Meer dann über die Jolanda und riß sie in die Tiefe. Auf ihrer letzten Fahrt ins unendliche Blau hinterließ sie einen Teil ihrer

Zwischen zwei Riffpfeilern erstreckt sich das Trümmerfeld mit den Überresten des zypriotischen Frachters

Ladung. Der Anker riß eine breite Narbe in die Unterwasserlandschaft bis er in 70 Meter Tiefe abriß. Eine 1994 durchgeführte Suche des Ras Muhammad Nationalparks nach dem Wrack mit dem Tauchroboter „Robin" wurde in 180 Meter Tiefe erfolglos aufgegeben.

Die Überreste des Schiffes finden sich heute südwestlich des großen Riffs, dem die Jolanda ihren Namen gab. Die westliche Begrenzung des Trümmerfeldes bildet ein weiterer kleinerer namenloser Riffpfeiler, der aus einer Tiefe von maximal 23 Metern bis unter die Wasseroberfläche reicht. In einer Tiefe von 9 Metern beginnend zieht sich das weit gefächerte Feld von Wrackteilen und Ladung bis zur Jolanda hin, die in über 200 Meter Tiefe liegt. Den oberen Abschluß des Trümmerfeldes bildet ein nahezu in sich zusammengefallener Container, von dem außer seinem Rahmen und einigen Resten der Außenwände wenig übriggeblieben ist. Er ist über und über mit farbenprächtigen Weichkorallen bewachsen. Eine Schule von Süßlippen bewohnt ihn seit Jahren. Östlich des Containers schließt sich ein Areal mit Rohren an, die teilweise in parallelen Bündeln, wie sortiert nebeneinander liegen. Inmitten der Rohre ist einer der Lademasten der Jolanda anzutreffen. Hier finden sich auch die Überreste des 320er BMW, der vor dem „Abgang" der Jolanda zu einer der wesentlichen Attraktionen zählte.

Das Mittelfeld zwischen 14 und 22 Metern wird durch einige, inzwischen stark verfallene Container und die Hauptladung des Schiffes bestimmt. Sanitäreinrichtungsgegenstände der Marke „Ideal Standard" bedecken den Meeresgrund. Hunderte von Badewannen, Toilettenschüsseln und andere Sanitäreinrichtungen liegen in Haufen oder einzeln verstreut herum. Besonders fotogen ist ein auseinander gebrochener Container in 19 Meter Tiefe mit über 80 ineinander gestapelten Badewannen und ein riesiger, etwas oberhalb gelegener Berg von Toilettenschüsseln. Im Gegensatz zu den üppig bewachsenen Wrackteilen der Jolanda wirken die teilweise nur mit einer braunen Schicht aus Algen überzogenen Toilettenbecken und Badewannen wie Fremdkörper in diesem grandiosen Farbenspiel.

Im sich anschließenden Unterfeld sind nur wenige Wrackteile der Jolanda auszumachen. Eine breite Bahn der Zerstörung kennzeichnet den Weg des Wracks ins dunkle Blau. Vereinzelte Sanitärgegenstände wirken wie Einsprengsel in der von Korallen überwucherten Unterwasserlandschaft. Vom Schiff selbst ist außer einer Winsch und einem weiteren Ladebaum wenig zu entdecken.

Eine große Anzahl von Fischen hat das Trümmerfeld zu seinem bevorzugten Aufenthaltsort auserkoren. Neben den Süßlippen am obersten Container gehört „Fred", ein kleiner Blaupunktrochen ohne Schwanz, sicherlich zu den ortstreuesten Unterwasserbewohnern. Barrakudas und andere Fische erscheinen urplötzlich aus dem offenen Wasser und verschwinden ebenso schnell wieder. Am mittleren Container ist zumeist ein Krokodilfisch anzutreffen.

Skurril: riesige Berge von Toilettenschüsseln türmen sich in der üppigen Unterwasserwelt auf

Aber auch sonst hat das Jolanda Riff viel zu bieten. An seiner Südseite schließt sich ein Plateau von 15 Metern bis zu einer Tiefe von 25 Metern an, bevor es zügig in schwindelerregende Tiefen abfällt. Hier sind immer größere Zackenbarsche anzutreffen sowie ein kapitaler Napoleonfisch. Mit ein wenig Glück sind auch Haie im offen Wasser zu sehen. In den Löchern der Riffwand residieren einige Riesenmuränen. Die Nordseite mit einer durchschnittlichen Tiefe von 6-8 Metern sowie der Sandgrund mit vereinzelten Korallenblöcken erscheint dagegen nahezu kahl und stehen im krassen Gegensatz zur Außenseite. Einige Süßwasserquellen sowie teilweise starke Strömungen tragen ebenfalls wenig zur Beliebtheit dieser Seite bei.

In dem weitläufigen Wrackfeld lassen sich immer neue Artefakte entdecken

Wie Mikadostäbe eines Riesen liegen die Abwasserrohre aus der Ladung herum (rechte Seite oben)

Ineinandergestapelt wirken die noch spärlich bewachsenen Badewannen als könnten sie jederzeit wiederverwendet werden (rechte Seite unten)

6. Dunraven

Der israelische Geologe Ayre Keller war 1977 am Shab Machmud eigentlich auf der Suche nach Öl, als unvermutet die Konturen eines Schiffes auf dem Echographen auftauchten. Erste Tauchgänge brachten Steingut, Gläser mit eingelegten Früchten, Wein- und Whiskyflaschen sowie andere Teile der Ladung an die Oberfäche zurück. Keiner dieser Gegenstände gab jedoch einen Hinweis auf den Namen und die Herkunft des Wracks. Seine Bauform glich der „Dufferin", „Suva", „Harding" und der M-31. Alle diese Schiffe wurden von Lawrence von Arabien benutzt, um Gelder von Suez nach Aqaba zu transportieren, mit denen der Kampf der Araber gegen die Türken finanziert wurde. Angeheizt durch diese Spekulationen ist das Wrack mehrfach ohne jeden Erfolg durchsucht worden. Im November 1987 lenkte ein Porzellanteller mit der blauen Aufschrift Dunraven die Suche in eine neue Richtung. Die Nachfrage im Lloyd`s-Register in London gestaltete die Ermittlungen jedoch nicht einfacher. Dort wurden nämlich unter diesem Namen zwei Schiffe geführt. Beim ersten handelte es sich um ein 1890 erbautes Schiff, das später in „Sara Radcliff" umgetauft wurde. Allerdings sank es 1917 durch einen Torpedotreffer im

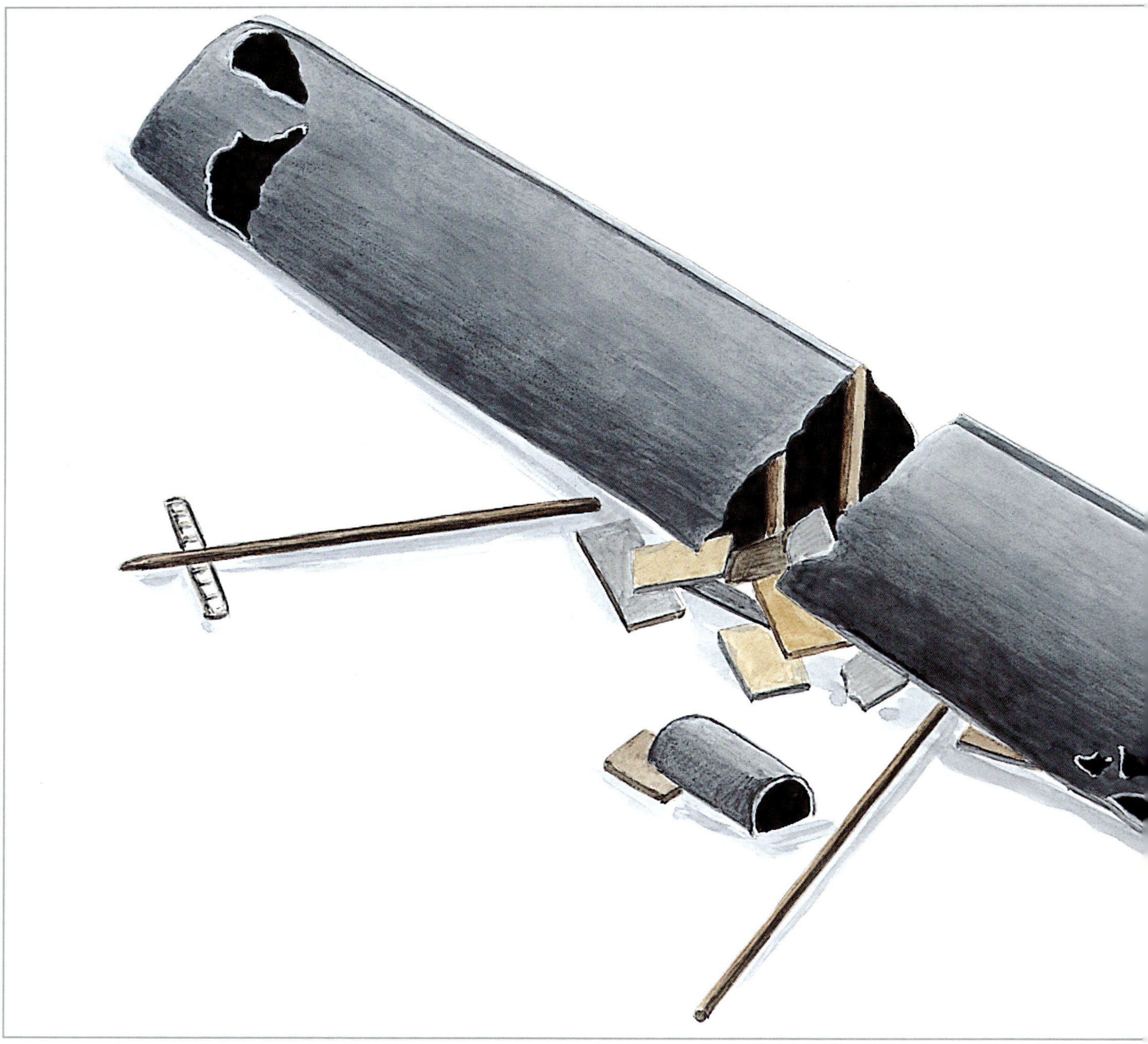

Atlantik. Das zweite war ein sogenanntes „Q"-Klasse-Schiff. Hierbei handelte es sich offiziell um Frachter, die als getarnte Kriegsschiffe Jagd auf deutsche U-Boote machten. Gegen Ende des Ersten Weltkrieges fuhr das Schiff unter Captain Gordon Campbell. Es wurde in einem Gefecht stark beschädigt und später im englischen Kanal versenkt. Somit konnte es sich bei dem Schiff am Shab Machmud nicht um eines der bei Lloyd`s registrierten Schiffe handeln. Die Bitte der britischen Admiralität, alle Tauchgänge am Wrack zu unterbinden, da es sich um einen britischen „Kriegfriedhof" handeln könne, heizten die Spekulationen noch mehr an. Neue Theorien über die Herkunft des Schiffes behaupteten, es sei die Privatyacht des amerikanischen Millionärs Randolph Hearst, der das Schiff nach seinem Dunraven Castle in Wales

GPS:	N 27° 42.165′ E 34° 07.460′
Ort:	Shab Machmud, Sinai
Maximale Tiefe:	28 Meter
Minimale Tiefe:	16 Meter
Strömungen:	teilweise starke Strömungen
Sicht:	teilweise unter 15 Meter
Schwierigkeiten:	Ein Tauchgang an der Dunraven beinhaltet keine besonderen Schwierigkeiten. Die durchschnittliche Tiefe von 25 Meter führt bei Nichtbeachtung der Zeit jedoch schnell zu einem Dekompressionstauchgang. Außer dem sollte beim Betauchen der Innenräume auf die zahlreichen Rotfeuerfische geachtet werden.
Gebaut:	1873
Stapellauf:	unbekannt
Bauwerft:	C. Mitchell & Co. Iron Ship Builders, Newcastle-on-Tyne
Bau-Nummer:	266
Flagge:	britisch
Reederei:	unbekannt
Länge über alles:	82 Meter
Breite:	9,7 Meter
Seitenhöhe:	unbekannt
Tiefgang:	unbekannt
Tragfähigkeit:	unbekannt
Vermessung:	ungefähr 1.800 -2.000 BRT
Antrieb:	Dampfmaschine, bei Bedarf Hilfssegel
Leistung:	unbekannt
Geschwindigkeit:	unbekannt
Kapitän:	unbekannt
Besatzung:	unbekannt
Passagiere:	keine
Verluste:	vermutlich keine
Ladung:	Wolle, Baumwolle und Gewürze
Letzte Fahrt:	von Bombay nach Newcastle
Gesunken:	22.4.1876
Ursache:	Nachts auf das Shab Machmud aufgelaufen. Die Dunraven fing Feuer und brannte in 12 Stunden aus, bevor sie kenterte und versank.

benannt hatte. Wiederum andere glaubten zu wissen, es sei ein Schiff aus den Niederlanden, das nach einem gleichnamigen Ort im Norden des Landes benannt worden war. Der Fund zweier doppelbauchiger, aus dicken grünlichem Glas bestehenden Sodaflaschen mit der Inschrift „Webs Doble Water And Other Waters By Appointment to Her Majesty the Queen, Islington, London" brachten schließlich das Geheimnis der Dunraven ans Licht. Recherchen ergaben, daß diese Firma nur von 1836 bis 1880 existierte. Die Aufschrift „GFB" auf einem der Porzellanteller lieferte noch einen weiteren Hinweis: Georg F. Barnes hatte bei einer Ausstellung in London 1873 den ersten Preis in der Gestaltung von Porzellan gewonnen. Diese beiden Tatsachen beschränkten die Suche auf sieben Jahre und so fand sich schließlich im Maritime Museum von Newcastle die dritte Dunraven. Es handelte sich bei ihr um einen Rahschoner mit Schratsegeln sowie drei Rahsegeln am Fockmast. Er konnte entweder unter einer Dampfmaschine laufen oder mit der Hilfsbesegelung gefahren werden. In der Nacht des 22.4.1876 befand sich das 1873 auf der Werft von C. Mitchell & Co. Iron Ship Builders in Newcastle erbaute Schiff auf dem Rückweg von Bombay über Karachi in seinen Heimathafen. Als der mit Baumwolle, Hölzern und Gewürzen beladene Linienfrachter in den Golf von Suez einläuft, geht plötzlich ein Schlag durch das Schiff. Die Dunraven ist auf den südlichen Ausläufer des Shab Machmud, auf dem heute ein automatisches Leuchtfeuer die vorbeifahrenden Schiffe warnt, aufgelaufen. Die Backbordseite ist leckgeschlagen und durch den Aufprall sind Kohlen aus den Feuerbuchsen gefallen. Das sich ausbreitende Feuer kann von der Besatzung nicht mehr unter Kontrolle gebracht werden. Sie rettet sich mit dem Nötigsten zum nahegelegenen Festland. Nach etwa 12 Stunden kentert die Dunraven über die Backbordseite und kommt kieloben auf dem 25 Meter tiefen Sandgrund vor dem Riff zum Liegen.

Bedingt durch den Aufprall auf das Riff und den anschließenden Brand wurde ein Großteil der Innenräume zerstört, so daß heute im Inneren des Wracks wenig zu

Schraube und Ruder des Dampfseglers ragen ins freie Wasser und sind stark überwachsen

Unmittelbar neben dem Schornstein findet sich das Krähennest

sehen ist. Dennoch ist die Dunraven mit 85 m Länge und 11 m Breite sicherlich einen Tauchgang wert. Kieloben liegend, wirkt sie mit ihren Weichkorallen-Formationen eher wie ein Riff und nicht wie ein Wrack. Die Tauchboote ankern in der Regel nicht direkt über dem Wrack, sondern am Südende des Shab Machmud, das dort wie ein Hufeisen auseinanderläuft. An dieser Stelle befindet sich eine Leuchtbake auf dem Riffdach. Folgt man der Außenriffkante 100 m nach Norden, trifft man in 18 m Tiefe auf den Bug des Dampfseglers. Sein Rumpf liegt in einem Winkel von 75 Grad zum Riff. Besser ist es jedoch, wenn der Nordwind es zuläßt, mit einem Schlauchboot direkt über das Wrack zu fahren.

Bedingt durch Strömungen, die Sediment vom relativ flachen Sandgrund aufwirbeln, können die Sichtweiten erheblich eingeschränkt sein. Der Tauchgang beginnt dann am besten am Heck, dem tiefsten Punkt der Dunraven, in 28 m Tiefe. Er stellt zugleich den am besten erhaltenen Teil dar. Hier erwartet einen die mit Weichkorallen überwucherte Schraube sowie das Ruder. Vom Heck aus geht es entlang der Steuerbordseite in Richtung Bug. Auf dieser Seite liegen die meisten Schiffsteile, darunter Masten, das Krähennest und der Schornstein. Ein Eindringen in das Wrack ist nur von der Steuerbordseite aus möglich, da die Backbordseite weitestgehend unbeschädigt ist. Ein großes Loch in der Schiffswand bildet den Eingang. Vorsicht, die Erkundungstour sollte von dieser Stelle aus jedoch nur gen Bug gehen, da es zum Heck hin sehr schmal wird. Ein Verfangen in den zahlreichen Wrackteilen ist leicht möglich. In Bugrichtung befindet sich der Maschinenraum mit eindrucksvoll großem Kessel. Wer sich in dem Metallgewirr umschaut, erkennt die verrosteten Pleuelstangen der Kurbelwelle und andere Mechaniken der Dampfmaschine. Tausende von Glasfischen scheinen dem Taucher den Zugang zu verwehren. An der Bruchstelle angelangt, ist es ratsam, das Wrack zu verlassen, da ein Weitertauchen durch die Trümmer des Bugteils nicht möglich ist. Um auch den vorderen Teil des Wracks zu erkunden, sollte der Tauchgang nach der Bruchstelle außen an der Steuerbordseite fortgesetzt werden. Nach 15 Metern besteht die Möglichkeit, die

Erkundungstour im Vorschiff fortzusetzen. Hier gilt das gleiche wie am Heckteil; nur in Richtung Bug tauchen, wo man das Wrack durch ein Loch am Rumpfboden verlassen kann. In diesem Abschnitt sind die Schäden beträchtlich. Der ca. 8-10 Meter lange Bug hat sich durch die Wucht des Aufpralls vom Vorschiff gelöst und liegt noch weiter verdreht. An Backbord hängt aus der Ankerklüse die dick bewachsene Kette, die ein Sinken der Dunraven verhindern sollte. An der Bugspitze sind die Halteösen für den einstigen Bugspriet zu erkennen. Bewohnt wird der Bug von einer großen Gruppe von Rotfeuerfischen. Eine weitere Attraktion stellt der wunderschöne Weich- und Hartkorallenbewuchs dar.

Das Heck mit seiner Schraube stellt eines der beliebtesten Fotomotive der Dunraven dar

Kielobenliegend wirkt die stark bewachsene Bordwand wie ein Riff

Längst ist der Davit Bestandteil der Unterwasserlandschaft geworden

7. Thistlegorm

GPS:	N 27° 48,85` E 33° 55,20`
Ort:	Nahe dem Shab Ali, Straße von Gubal, Sinai
Maximale Tiefe:	31 Meter
Minimale Tiefe:	18 Meter
Strömungen:	manchmal sehr stark
Sicht:	Durchschnittlich gut, bei Strömung sinkt die Sicht stark ab.
Schwierigkeiten:	Die Thistlegorm gehört zu einem der meist betauchten Wracks im Roten Meer. Die große Zahl an Tauchern täuscht über die Gefahren eines Wracktauchgangs hinweg. Zum einen verleiten die Attraktionen der Thistlegorm zum Verweilen ein, was in Anbetracht der durchschnittlichen Tiefe von 20 Metern schnell zu dekompressionspflichtigen Ausflügen führt. Zum anderen kann innerhalb von wenigen Minuten auf kommende Strömung das Tauchen erheblich erschweren. Die Munition an Bord ist teilweise noch scharf!!
Stapellauf:	9.4.1940
Bauwerft:	Joseph L. Thompson&Sons Ltd. in Sunderland
Bau-Nummer:	Lloyds Registriernummer: Buchnummer 33.423 Nr.: 163.052 (Code ELWQDF) Werftnummer 599
Flagge:	englisch
Reederei:	Albyn-Line Sunderland, Schottland

Länge über alles:	126 Meter
Breite:	18 Meter
Seitenhöhe:	unbekannt
Tiefgang:	7,45 Meter
Tragfähigkeit:	9009 Tonnen
Vermessung:	4.898 BRT
Antrieb:	Dampfmaschine
Leistung:	1.850 PS
Geschwindigkeit:	10,5 Knoten
Kapitän:	Gordon Dobson
Besatzung:	39 Seeleute, davon 9 Royal Navy
Verluste:	9 Tote
Ladung:	Kriegsmaterial für das englische Afrika Korps
Letzte Fahrt:	Glasgow - Alexandria in einem Konvoi mit 16 anderen Schiffen
Gesunken:	6.10.1941
Ursache:	Durch den Treffer einer 2000 kg Bombe eines deutschen Heinkelbombers HE-111P-4.

Seit ihrer Wiederentdeckung im Frühjahr 1991 zählt die Thistlegorm zu den bekanntesten Wracks im Roten Meer. Ihr Ruf schadet ihren äußeren und inneren Werten allerdings erheblich. Inzwischen ist sie fester Bestandteil einer Safari im nördlichen Roten Meer und wird sogar von Tagesbooten aus Sharm el Sheikh angelaufen. Bis zu 15 Boote ankern an guten Tagen an dieser Stelle. Heerscharen von Tauchern haben das Wrack inzwischen wie ein Schwarm von Heuschrecken zum Großteil geplündert. Dieser Tatsache zum Trotz lockt sie immer wieder Taucher an. Es ist die Geschichte der Thistlegorm und die einzigartige Atmosphäre, die den besonderen Reiz des Wracks ausmachen.

Im Jahre 1941 tobte auch in Nordafrika der II. Weltkrieg. Die britischen Truppen waren auf Nachschub aus dem entfernten Königreich angewiesen, um das anfänglich deutlich überlegene deutsche Afrikakorps unter Feldmarschall Rommel zu bezwingen. Der Weg durch das Mittelmeer wäre sicherlich der kürzere gewesen, allerdings auch der gefährlichere. Aus diesem Grund umschiffte die am 9.4.1940 vom Stapel gelaufene Thistlegorm zusammen mit 16 weiteren Schiffen in einem Konvoi den schwarzen Kontinent. Als Geleitschutz befand sich die HMS Carlisle unter ihnen. Die Handelsschiffe wurden

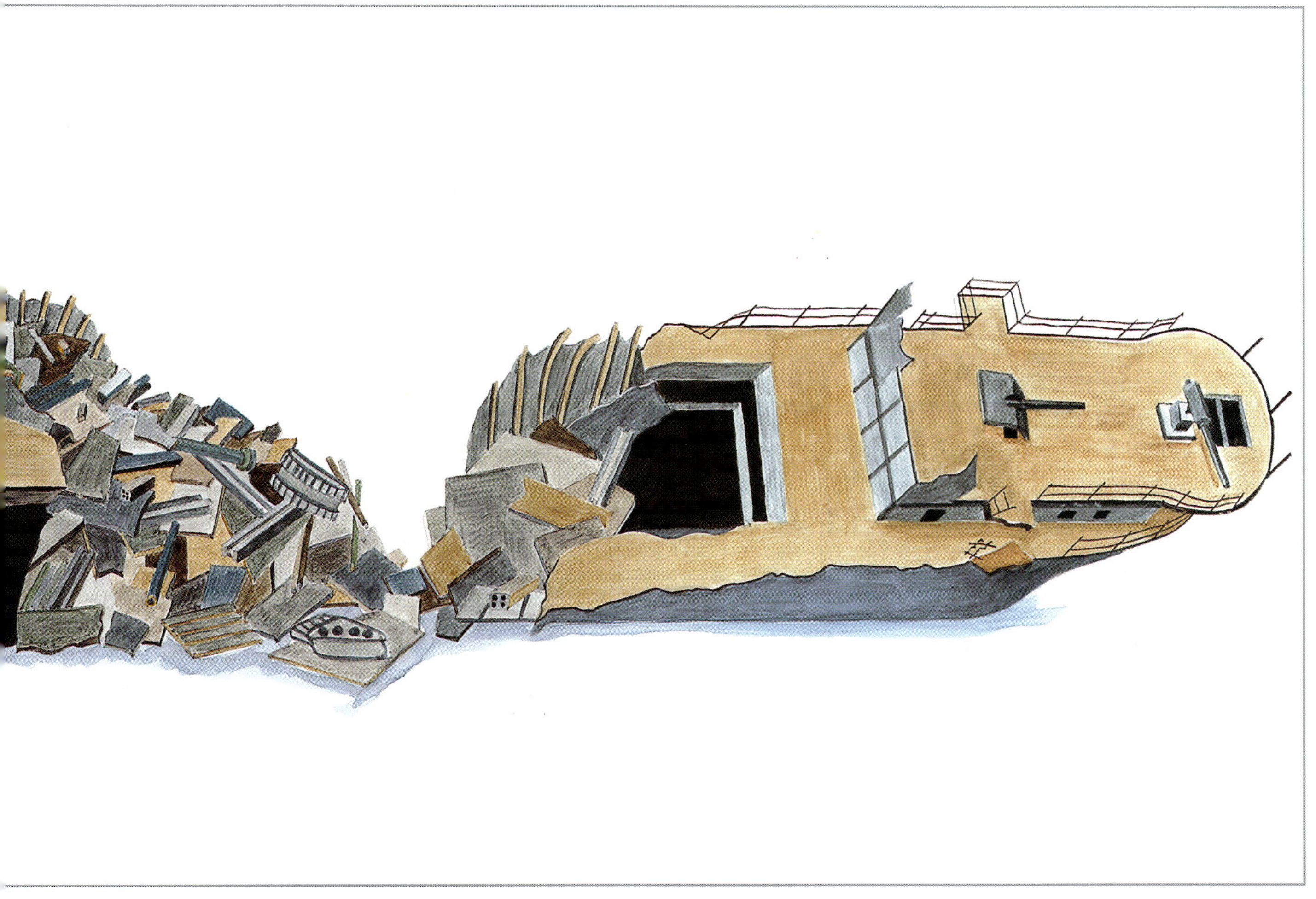

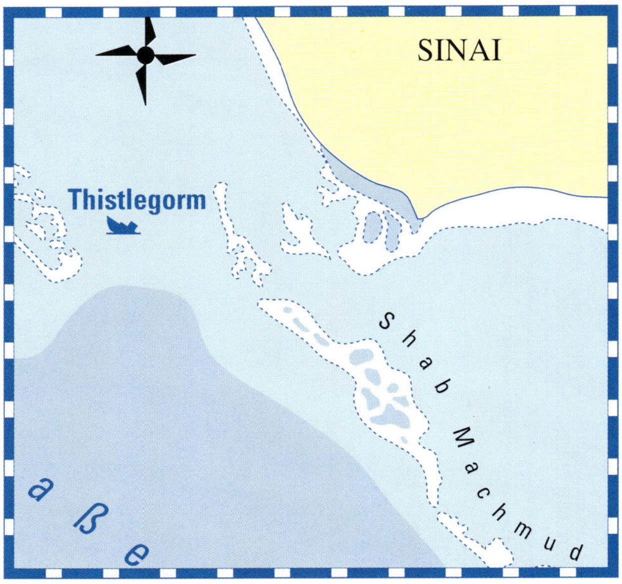

aufgrund ihrer kriegswichtigen Ladung teilweise mit Kanonen ausgerüstet. So waren auch die Brücke und die Aufbauten der Thistlegorm mit Betonplatten zum Schutz vor Flugzeug-MGs und vor Bombensplittern verstärkt worden. Auf dem Heck wurde sie mit zwei Bordkanonen bewaffnet. Zu verteidigen hatte die Thistlegorm auf ihrer vierten Fahrt so manches. Auf dem Oberdeck befanden sich zwei Dampflokomotiven vom Typ „Stanier 8 F" mit den dazugehörigen Tendern und zwei Wasserwagen. Unter Deck standen mehrere „Universal Carrier" MK II Schützenpanzer. In den zweigeschossigen Laderäumen reiht sich ein „Morris Commercial CS 11/30" an den anderen. Neben diesen Transportfahrzeugen finden sich noch weitere Fahrzeuge der Marke „Ford WOT" sowie dessen Dreiachser-Version „WOT 1 6x4" und leichtere Armeefahrzeuge vom Typ „Bedford MW". Auf den Ladeflächen sind 160 Motorräder beziehungsweise deren Überreste anzutreffen. Die einst fabrikneuen Maschinen vom Typ „Matchless G3L" und die 500-ccm „BSA MW 20", die speziell für den Wüsteneinsatz konzipiert waren, sind der Sammelwut einiger Taucher zum Opfer gefallen. Auf den übrigen Ladeflächen verstaute man neben Kisten mit Karabinern, Gewehrgranaten, Minen und Geschossen für die Schiffsartillerie auch hunderte von Ersatzreifen, Uniformen und Stiefel. Zwischen den LKWs stehen Einachsanhänger mit Generatoren, Wasser- und Treibstofftanks. Auch für die Royal Air-Force befand sich Nachschub an Bord. Deutlich zu erkennen sind die Ersatztragflächen und einige Flugzeugmotoren auf den Ladepritschen.

Von der langen Reise aus Glagow über Kapstadt zum Hafen von Tawfiq, am Ausgang des Suezkanals, lagen nur noch wenige Seemeilen vor den Schiffen. Ein Tanker, der

Die Funkanlage für das britische Nordafrika Korps erreichte nie ihr Ziel

am Mittelmeerausgang auf eine Mine gelaufen war, blockierte den Kanal und zwang den Konvoi seit zehn Tagen vor Anker liegend auf die Weiterfahrt zu warten. Zur selben Zeit sollte der Cunard Dampfer Queen Mary mit australischen Truppen den Suezkanal anlaufen. In der Nacht vom fünften auf den sechsten Oktober 1941 starteten zwei Bomber des deutschen Kampfgeschwaders KG 26, um die Queen Mary zu finden und sie zu versenken. Das Löwengeschwader war zu diesem Zeitpunkt auf Kreta stationiert und die Flugzeuge vom Typ Heinkel HE 111 P-4 waren mit ihren 2000 Kilogramm Spezialbomben eigens für diese Mission ausgerüstet. Nachdem die zwei Maschinen nicht fündig wurden, kehrten sie um und flogen auf Parallelkurs, die eine auf Höhe des Festlandes, die andere entlang der Sinaiküste zum Stützpunkt zurück. Hierbei entdeckten sie den wartenden Konvoi. Im Tiefflug griff der Bomber die Thistlegorm an. Die schlafende Besatzung wurde völlig überrascht. Zum einen rechnete niemand mit einem Angriff, zum anderen flog die Angreifermaschine viel zu flach, als daß sie von der Flak der Thistlegorm hätte getroffen werden können. Aufgrund dieser Tatsache waren zunächst auch der nur 600 Meter entfernt liegenden HMS Carlisle die Hände gebunden. Hätte sie das Feuer auf den tiefliegenden Bomber eröffnet, wären entweder die eigenen Aufbauten oder die eines der anderen Schiffe im Konvoi getroffen worden. Die zwei ausgeklinkten Bomben trafen ihr Opfer unmittelbar hinter der Brücke. Die beiden unter Dampf stehenden Kessel explodierten sofort und vergrößerten den Schaden erheblich. Durch die Wucht der Explosion wurden die zwei Lokomotiven, die hier an Deck standen, weggeschleudert. Ein Teil der Besatzung sprang ins Wasser, der andere brachte sich mit Hilfe der Rettungsboote im Bereich des Vorschiffs in Sicherheit. Aufgrund des Feuers und der damit verbundenen Hitze entzündete sich 10 Minuten nach dem Treffer die schwere Munition, die im Bereich des Mittschiffs lagerte auch ohne Zünder. Die gewaltige Detonation riß Wrackteile bis auf die Decks der umliegenden Schiffe. Die Thistlegorm brach im Anschluß mittschiffs zusammen und sank innerhalb kürzester Zeit. Der Angreifer wurde trotz seines Erfolges selbst zum Opfer. Das einsetzende Sperrfeuer der anderen Schiffe traf die Maschine mehrfach so schwer, daß die Besatzung notlanden mußte. Die Ironie des Schicksals wollte es, daß sie später ausgerechnet auf der Queen Mary, die sie ursprünglich versenken sollte, als Kriegsgefangene nach England fuhr.

Auch wenn britische Schiffe beim Passieren der Untergangsstelle ihre Flagge zum Gruß setzten, geriet die blaue Diestel, so lautet die deutsche Übersetzung des Schiffsnamens, zunehmend in Vergessenheit. Durch Zufall wurde sie 1956 von Jacques Yves Cousteau gefunden, der hierüber in seinem Buch „The Living Sea" berichtet. Im Anschluß geriet sie erneut in Vergessenheit bevor sie 1991 wiederentdeckt wurde.

Heute liegt die Thistlegorm mit dem Kiel in einer Tiefe von 33 Metern auf Grund. Der Aufbautenteil reicht bis 14 Meter. Während Bug, Vorschiff und das Mittschiff mit der Brücke noch weitestgehend intakt sind, ist das gesamte übrige Mittschiff zerfetzt. Hieran schließt sich das ca. 20 Meter lange um 50° nach Backbord gekippte Heck an.

Beginnt der Tauchgang am Bug, so fällt zunächst die Winsch mit der heruntergelassenen Ankerkette steuerbordseits auf - die Thistlegorm wurde ja vor Anker liegend versenkt. Er findet sich in 29 Meter Tiefe weiter vor dem Schiff. Von der Panik nach dem Treffer ist auf dem Vorschiff nichts zu bemerken, die Ankerwinden erscheinen nahezu gepflegt, Rollen und Tauwerk liegen gebrauchsbereit an ihren Plätzen. Die Kettenräume des Bugs können zwar betaucht werden, bieten jedoch außer Sediment nichts Besonderes.

Der Vergleich mit einem Taucher offenbart die imposante Größe der Schraube

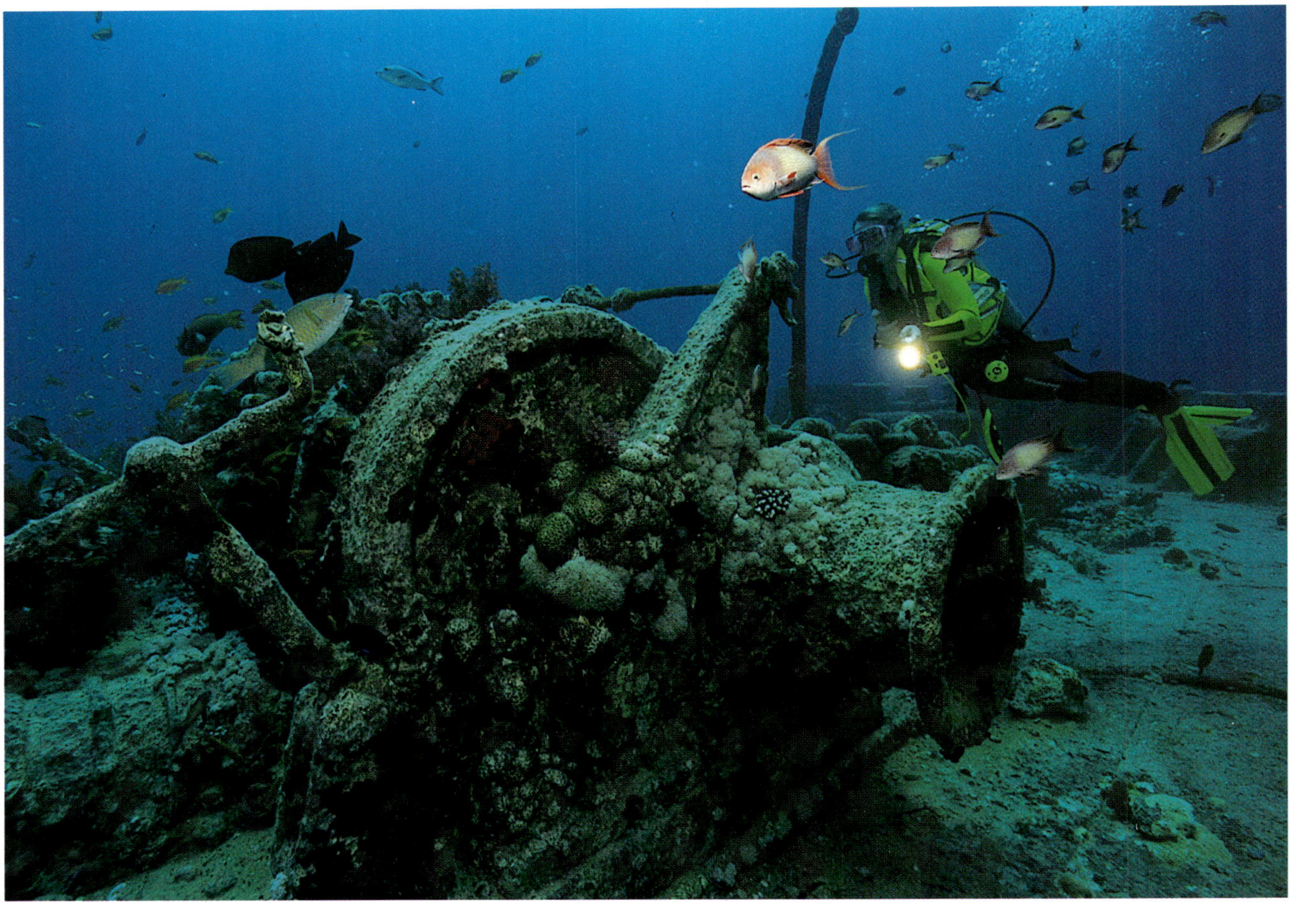

Die Winschen auf dem Vordeck dominieren diesen Schiffsabschnitt

Die Spuren der Explosion sind auf dem niedriger liegenden Hauptdeck deutlich zu erkennen. Dominiert wird es von den beiden offenen Ladeluken. Neben der ersten stehen sowohl an der Backbord- als auch an der Steuerbordseite zwei Tankwaggons. Durch die Explosion ist das Oberdeck an Backbord eingeknickt und der Tankwaggon ragt in den Laderaum hinein. Quer über der ersten Luke liegen die herabgestürzten Ladebäume des vorderen Lademastes. Zwischen dem ersten und zweiten Laderaum befinden sich jeweils außenbords zwei kleine Ladekräne, unter denen zwei Minenabwehrsysteme angebracht sind. Diese wie Torpedos aussehenden Geräte entmagnetisierten das Schiff und sorgten dafür, daß die Thistlegorm kein Ziel für Magnetminen war. Zwischen dem ersten und dem zweiten Laderaum lassen sich die Winden für das Ladegeschirr sowie die Öffnungen für die Steuer- und Backbord-Windhutzen inspizieren. Außenbords des sich anschließenden zweiten Laderaums stehen die beiden Kohletender der Lokomotive.
Die zwei Laderäume sind nach dem gleichen Grundprinzip aufgebaut. Sie sind zweistöckig und außenherum stehen die Fahrzeuge. Am Boden der Laderäume ist es 29 Meter tief. In der ersten Ebene befinden sich zum Großteil Motorräder auf den LKW-Pritschen. Im Stockwerk darunter lagern andere Ausrüstungsgegenstände wie Reifen, Flugzeugmotoren, Generatoren. Die Karabiner vom Typ 303 Enfield sind zu festen Klumpen verbacken. Vom ersten in den zweiten Laderaum gelangt man entlang der Steuerbord- oder Backbordseite über die dort stehenden LKWs. Der zweite Laderaum mit seinen zahllosen Motorrädern bildet eine der Hauptattraktionen der Thistlegorm. Zu den begehrtesten Fotomotiven zählt das Spalier der Motorräder an Steuerbord in der ersten Etage. Die inzwischen aufgebrochenen Kisten im Untergeschoß beinhalten Haushaltsgeräte wie zum Beispiel Teller oder Gegenstände der Feldapotheke. Ebenso finden sich in diesem Laderaum die Flugzeugtragflächen sowie die Armeestiefel. Abermals führt rechts und links entlang der Außenbordwände ein Zugang zum sehr schmalen dritten Laderaum. Außer einigen verklumpten Gewehrstapeln ist hier nichts Besonderes zu entdecken.
Das Mittschiff mit den Überresten der Aufbauten, die bis in eine Tiefe von 15 Metern emporragen, bildet zugleich den Abschluß des intakten vorderen Schiffsabschnittes. Vereinzelte Weichkorallen haben sich in den leergeräumten Kajüten angesiedelt. Zu den Besonderheiten

Trotz ihrer Bewaffnung fiel die Thistlegorm einem Luftangriff zum Opfer

Ordnung nach dem Inferno: Rad an Rad stehen die Lkw`s in den Laderäumen

gehören die Badewanne des Kapitäns und der Herd in der Kombüse.

Hinter dem Ansatz des Schornsteins beginnt das Chaos. Von der Thistlegorm ist hier so gut wie nichts mehr zu erkennen. Stahlplatten, die sich wie Pergament verbogen haben, liegen übereinander gestapelt umher. Zwischen zerfetzten Fahrzeugen und Munitionskisten stapeln sich unzählige großkalibrige Geschosse und Kartuschen. Ebenso wie die mit 400 Kilo Sprengstoff bestückten MK 12 Grundminen detonierten sie bei der Explosion wie

durch ein Wunder nicht. In diesem Trümmerfeld liegen auch die drei „Universal Carrier" Panzer.
Die beiden Lokomotiven, die hier ursprünglich an Deck standen, wurden durch die Explosion weggerissen. Die eine liegt heute ca. 20 Meter von der Thistlegorm backbords in Höhe des zerstörten Mittschiffs in 30 Meter Tiefe. Von ihr sind lediglich der vordere Rahmen mit Laufachse, die beiden Zylinderblöcke, die erste Antriebsachse und die vordere Rauchkammer zu erkennen. Eine weitere Antriebsachse liegt vor ihr im Sand. Der Führerstand inklusive Kessel und Schornstein sowie die Dampfdome sind verschwunden. Die zweite Lokomotive befindet sich in einem noch schlechteren Zustand ca. 15 Meter neben der Thistlegorm zwischen erster und zweiter Ladeluke auf der Steuerbordseite.
Das sich anschließende Heckteil der Thistlegorm ist um ca. 50 Grad nach backbord verdreht und ein wenig aus der Mittellinie heraus verlagert. Die hier befindlichen Mannschaftsquartiere mit Waschräumen und Toiletten sind zwar teilweise betauchbar; die dafür verbrauchte Luft ist der Ausflug allerdings nicht wert. Neben dem schönen Bewuchs der Reling bilden die beiden Bordgeschütze die Attraktion dieses Abschnitts. Die schon auf der letzten Fahrt der Thistlegorm veralteten Modelle ragen mit ihrem farbenprächtigen Bewuchs ins dunkelblaue Wasser.

Eines der 160 sich an Bord befindlichen Motorräder

Durch die Explosion wurde die Lokomotive stark beschädigt

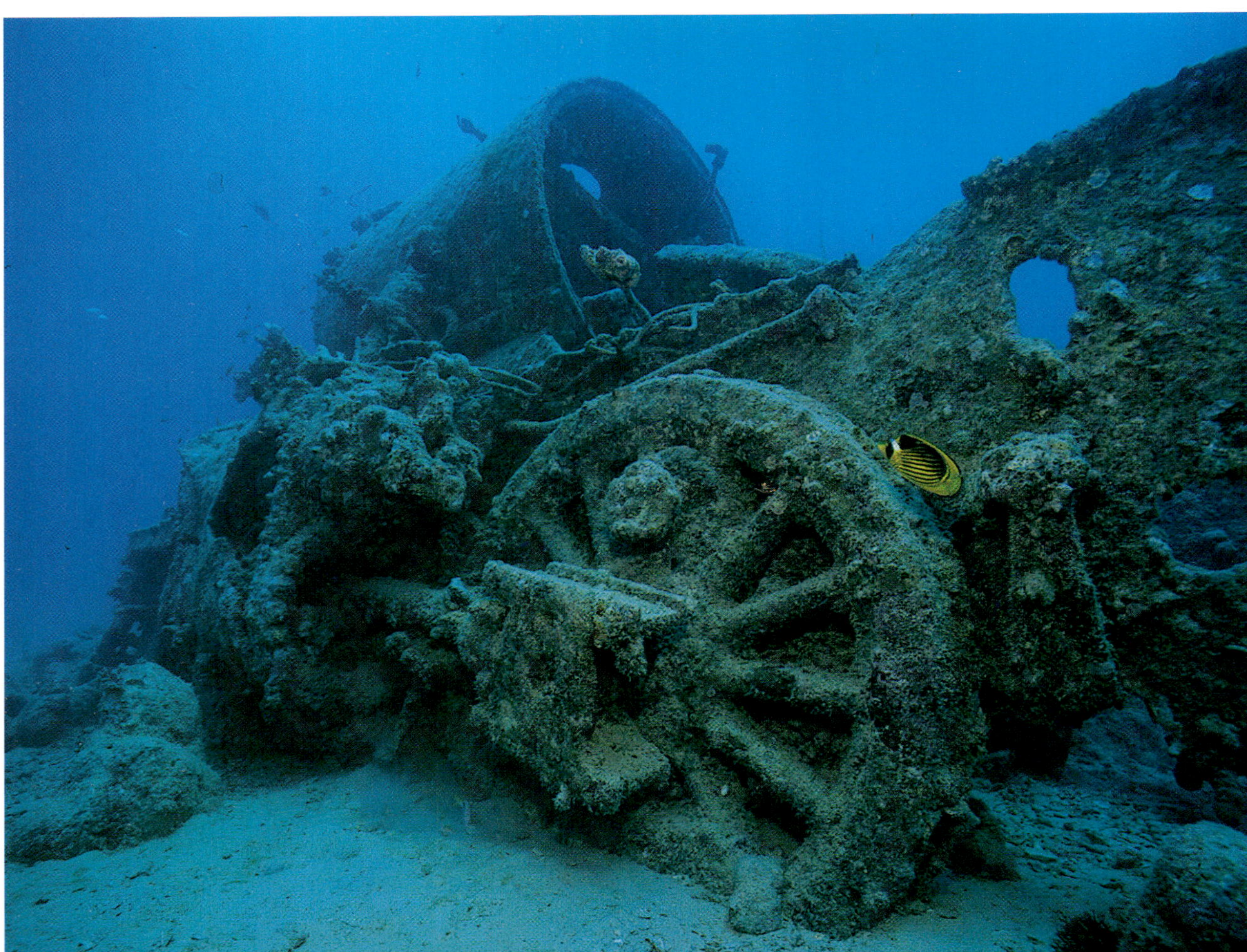

8. Sarah

Shag Rock liegt am südlichen Ausläufer des langen Shab Ali mit seinen weithin sichtbaren Ölbohrtürmen. Das eiförmige Riff ist schon aus größerer Entfernung durch ein Wrack auf seiner Nordseite zu erkennen. Die aus Suez kommende Yacht lief vor wenigen Jahren hier auf, als ihr betrunkener Eigner, entgegen der Mahnung seines Kapitäns, versuchte, an dieser Stelle das Shab Ali zu umfahren. Von der wenige Monate alten Yacht ist inzwischen nur noch ein vor sich dahinrostender Schrotthaufen zurückgeblieben. Seit geraumer Zeit warnt nun eine Radarreflektorbake am Südende des Riffs die vorbeifahrenden Schiffe. Nur einige Meter neben dem auf dem Riff ruhenden Wrack befindet sich ein Stück westlich versetzt ein weiteres, wesentlich älteres unter Wasser. Von Tauchern wird es Sarah, Sarah H. oder auch Schraubenwrack genannt.

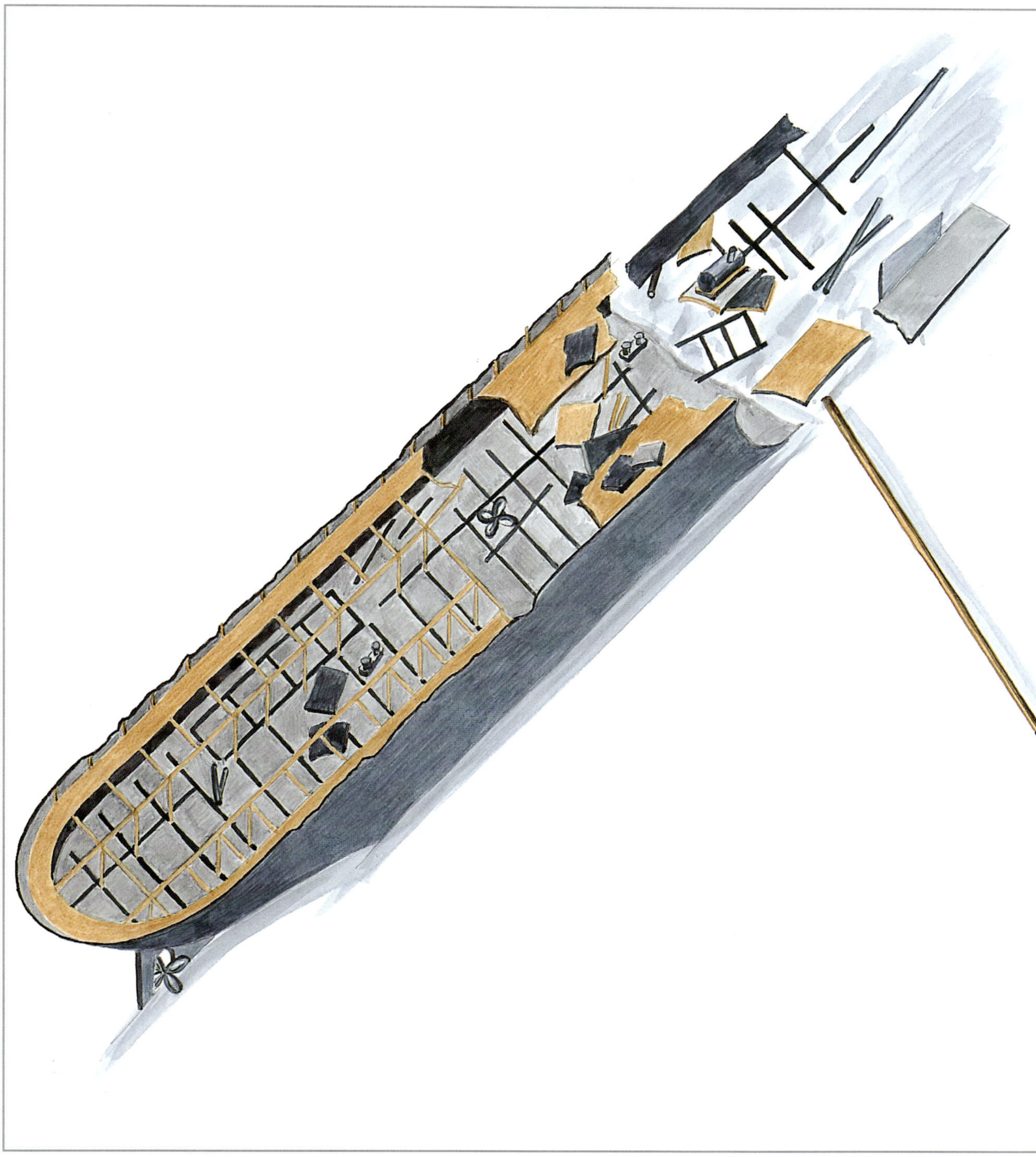

GPS:	N 27° 46,548` E 33° 52,373`
Ort:	Shag Rock
Maximale Tiefe:	16 Meter
Minimale Tiefe:	3 Meter
Strömungen:	Teilweise extrem starke Strömungen mit über 10 Knoten, die dann einen Tauchgang unmöglich machen.
Sicht:	Zumeist gut, in den frühen Morgenstunden aber, wie an den meisten Wracks, am besten.
Schwierigkeiten:	Bei starkem Seegang und Strömung ist Tauchen unmöglich.
Gebaut:	unbekannt
Stapellauf:	unbekannt
Bauwerft:	unbekannt
Bau-Nummer:	unbekannt
Flagge:	unbekannt
Reederei:	unbekannt
Länge über alles:	ungefähr 60 bis 70 Meter
Breite:	9,7 Meter
Seitenhöhe:	5,5 Meter
Tiefgang:	3 Meter
Tragfähigkeit:	unbekannt
Vermessung:	unbekannt
Antrieb:	Dampfmaschine und Segel
Leistung:	unbekannt
Geschwindigkeit:	unbekannt
Kapitän:	unbekannt
Besatzung:	unbekannt
Passagiere:	unbekannt
Verluste:	unbekannt
Ladung:	unbekannt
Letzte Fahrt:	unbekannt
Gesunken:	Vermutlich in der Zeit zwischen 1880 und 1910
Ursache:	unbekannt

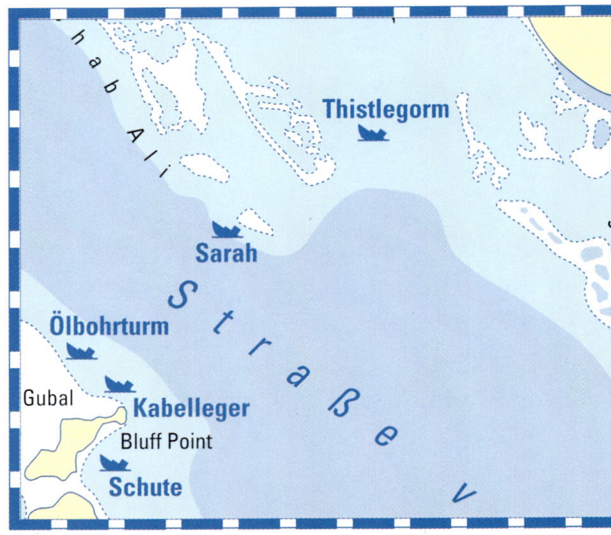

Nur schwer lassen sich im Mittschiff die Strukturen erkennen; zum Großteil von Steinkorallen überwachsen, benötigt der Taucher einige Zeit, um sich zu orientieren.

Die Außenbordwände des Vorschiffs liegen im seichten Flachwasser und sind nur bei ruhiger See zu erkunden.

Genaueres über das aus der zweiten Hälfte des 19. Jahrhunderts stammende Wrack ist nicht bekannt. Konstruktionsmerkmale, wie die Schiffsschraube und die Dampfmaschine einerseits und andererseits die zwei Masten sowie Juffern im vorderen Teil sprechen für ein Schiff aus der Übergangszeit zwischen Segel- und Dampfschiffahrt. Auch die hochgezogene Reling und die kleinen Ladeluken deuten auf ein älteres Schiff hin. Die niedrigen Zwischendecks erinnern an Wracks wie die Dunraven, den Kabelleger und an die Carnatic, so daß sich das Untergangsdatum auf die Zeit zwischen 1880 und 1910 datieren läßt. Nachforschungen im Lloydsregister für diesen Zeitraum belegen die Popularität des Namens Sarah für diese Epoche. Ergaben sich für die Mitte des 19. Jahrhunderts noch über 30 Eintragungen mit dem Namen Sarah, so sind zu Beginn des 20. Jahrhunderts nur noch wenige Eintragungen unter diesem Namen zu verzeichnen. Daß das Schiff Sarah H. hieß, ist dagegen eher unwahrscheinlich. Ein Hinzufügen von Buchstaben, wie z.B. bei der Giannis D oder Chirsoula K, war zu dieser Zeit noch nicht üblich.

Bezüglich des Untergangs existieren die unterschiedlichsten Gerüchte. Betrachtet man die Lage des Riffs an der Sinaiküste, so erscheint es am wahrscheinlichsten, daß die Sarah auf ihrem Weg zum Suezkanal am Shag Rock scheiterte. Diese Route wird noch heute von der modernen Schiffahrt auf ihrer Einfahrt in den Golf von Suez genommen, wohingegen die südwärtsfahrenden Schiffe entlang der ägyptischen Festlandküste vorbei an Gubal Island, Abu Nuhas und Shadwan Island den Golf verlassen. Unklar bei dieser Hypothese bleibt jedoch, warum das Schiff von Norden her auf das Riff auflief.

Unweit der weltberühmten Thistlegorm gelegen, wird die Sarah weit weniger betaucht und ist einer Vielzahl von Wracktouristen kaum bekannt. Zwar hat das 60 bis 70 Meter lange Wrack nicht so viel zu bieten wie die bekannte Nachbarin, dennoch ist ein Tauchgang, vor allem in den frühen Morgenstunden, ein Erlebnis der besonderen Art. Die exponierte Lage des Wracks an der Nordwestspitze des Shag Rock und nur durch einen ca. 200 Meter breiten Kanal vom südlichen Ende des Shab Ali getrennt ist,

Einer der zwei Dampfkessel, an dem noch gut die aufgesetzten Dampfsammelrohre zu erkennen sind.

kann das Tauchen an dieser Stelle unmöglich machen. Bei Ebbe und Flut schießt das Wasser mit mehr als 10 Knoten über das Wrack hinweg, so daß es keinen Halt mehr gibt. Zusätzlich können starke Nordwinde einen Tauchgang an der Sarah vereiteln.

Das Wrack liegt in einem Winkel von 90 Grad zum Riff, wobei die völlig zerstörte Bugsektion dem Riff zugewandt ist. Das Achterschiff ragt ins freie Wasser. Gut erhalten sind Heck und Mittschiff, die um ca. 20 Grad nach Steuerbord gekippt sind. Ab Höhe der Aufbauten zeigen sich zunehmend die Zerstörungen, die durch die Havarie mit dem Riff und durch die anbrandende See entstanden sind. Im Bereich des Vorschiffs verschwinden die Konturen des Wracks zunehmend unter dem üppigen Korallenbewuchs. Die Tatsache, daß am Wrack sämtliche Bullaugen und andere Ausrüstungsgegenstände fehlen, läßt vermuten, daß die Sarah nach der Kollision noch geraume Zeit am Riff lag und von Einheimischen systematisch geplündert wurde, bevor sie sank.

Am besten beginnt man seinen Tauchgang an der Ruderanlage in 16 Meter Tiefe. Die oberen drei Propellerblätter der vierflügeligen Schraube ragen aus dem Sand heraus. Zusammen mit dem Ruderblatt bilden sie reizvolle Motive für Fotografen und Videofilmer. Bevor der Aufstieg zum Achterdeck begonnen wird, sollte die Bordwand inspiziert werden. Sie ist über und über mit Anemonen, Weichkorallen und Krustentieren bewachsen. Im Lampenlicht schillert sie in den buntesten Farben.

Erst auf den zweiten Blick lassen sich die Strukturen auf dem Achterdeck und dem Mittschiff erkennen. Die Deck- und Zwischendeckbeplankungen sind längst verrottet. Zwischen den Spanten, Quer- und Längsträgern liegen verstreut heruntergestürzte Eisenträger und Stahlplatten. Entlang der Backbord- und Steuerbordreling erscheinen die Reste der Decks wie eine Galerie. Gut erkennen lassen sich die kleinen Ladeluken im Zwischendeck. Herunterhängende Lederkorallen und geschäftig dahinschwimmende Sohal-Doktorfische geben der Kulisse ihren besonderen Reiz. Von den Mittschiffsaufbauten ist nur wenig erhalten geblieben. In dem Chaos lassen sich lediglich eine alte Winsch und einige Poller ausmachen. Bizarr ragen die verbogenen Träger und Spanten ins offene Wasser. Zwischen den zum Teil überdachten Wrackteilen sorgt das einfallende Sonnenlicht für eindrucksvolle Licht- und Schattenspiele. Freistehend befinden sich die zwei Dampfkessel der alten Maschine mit ihren Feuerbuchsen und aufgesetzten Dampfsammelrohren. Beide sind nur wenig von der in Richtung Bug deutlich zunehmenden Zerstörung durch die Naturgewalten betroffen. Die Antriebswelle zum Propeller ist hingegen längst unter Korallengestein verschwunden. Vor den beiden Kesseln liegt unter dem noch überdeckten Mittschiffsbereich eine große, stark verklumpte und von Korallen überwachsene Ankerkette. Am Oberdeck, ebenfalls vor den Kesseln, findet sich eine vierflügelige Schiffsschraube aus Bronze, die dem Wrack den Namen Schraubenfrachter einbrachte. Unklar ist, ob diese Bestandteil der Ladung war oder ob sie, wie zur damaligen Zeit durchaus üblich, als Ersatz mitgeführt wurde.

Im nahezu komplett zerstörten Vorschiffsbereich stößt man auf die Spuren eines Segelschiffes. Steuerbords lassen sich die Überreste einer Juffer, die zur Befestigung von Takelage und Wanten diente, ausmachen. Ebenfalls steuerbords liegt ein eiserner Mast mit Ausguck, der zusammen mit dem weiter achtern befindlichen Mast für ein Vorankommen des Schiffes bei günstigen Winden sorgte.

Der mächtige Propeller am Heck des Schiffes trug der Sarah ihren Zweitnamen ein: Das Schraubenwrack

9. Ölbohrturm

GPS:	N 27° 41.436` E 33° 47.537`
Ort:	Nördliche Riffkante bei Little Gubal
Maximale Tiefe:	9 Meter
Minimale Tiefe:	3 Meter
Strömungen:	gering
Sicht:	meist gut
Schwierigkeiten:	Bei starkem Nordwind ist das Tauchen an dieser Stelle unmöglich

Im Gegenlicht der Mittagssonne wirkt die Stahlrohrkonstruktion noch gewaltiger (rechte Seite oben)

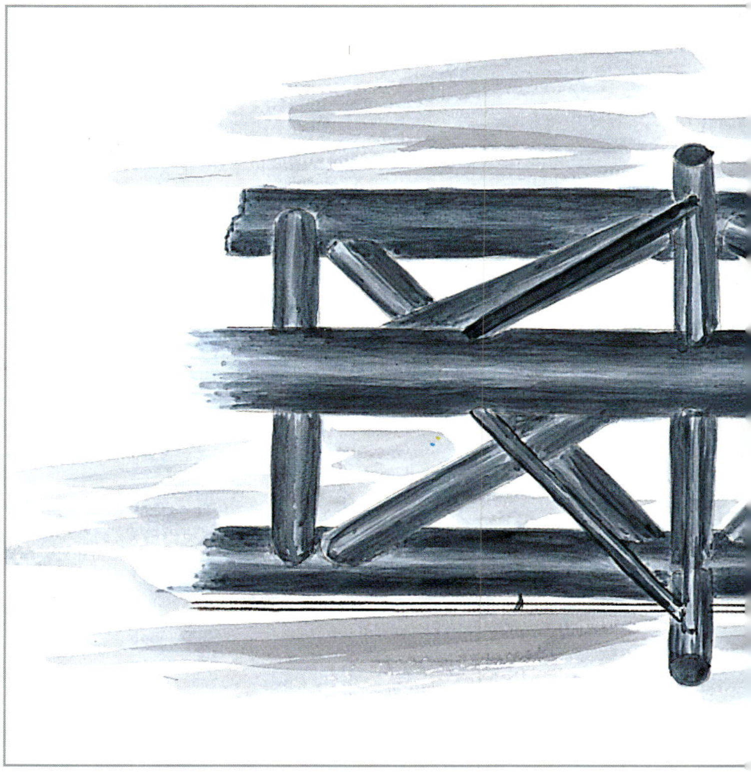

Der Golf von Suez stellt eine der größten Einnahmequellen Ägyptens dar. Der Suezkanal am nördlichen Ende des Golfs zählt zu den am meisten befahrenen Schifffahrtsrouten der Welt. Die Gewinne aus den anfallenden Passagegebühren übertreffen die entstehenden Kosten bei weitem und fließen in den Staatshaushalt ein. Desweiteren stellen die Erdölfelder bei Abu Rodeis nahe der Sinai-Küste sowie das Ölfeld bei Tawila Island, neben dem Ölfeld in der Lybischen Wüste, eine der Hauptenergielieferanten des Landes dar. Seit 1976 zählt Ägypten zu den Nettoexporteuren von Erdöl. Dennoch wird ein Großteil des Erdöls für den Eigenbedarf benötigt. Lediglich ein Viertel der ca. 45 Mio. Tonnen Rohöl werden exportiert. Der größte Teil des schwarzen Goldes wird in die ölbetriebenen Kraftwerke des Landes gepumpt. Aufgrund der ständig zunehmenden Bevölkerung und der wachsenden Industrialisierung ist der Energiebedarf in den letzten Jahren überproportional gestiegen. Hinzu kommt, daß der steigende Nilwasserverbrauch zu einer geringeren Stromausbeute der Turbinen am Assuan-Staudamm führt und somit zu einer weiteren Umverteilung

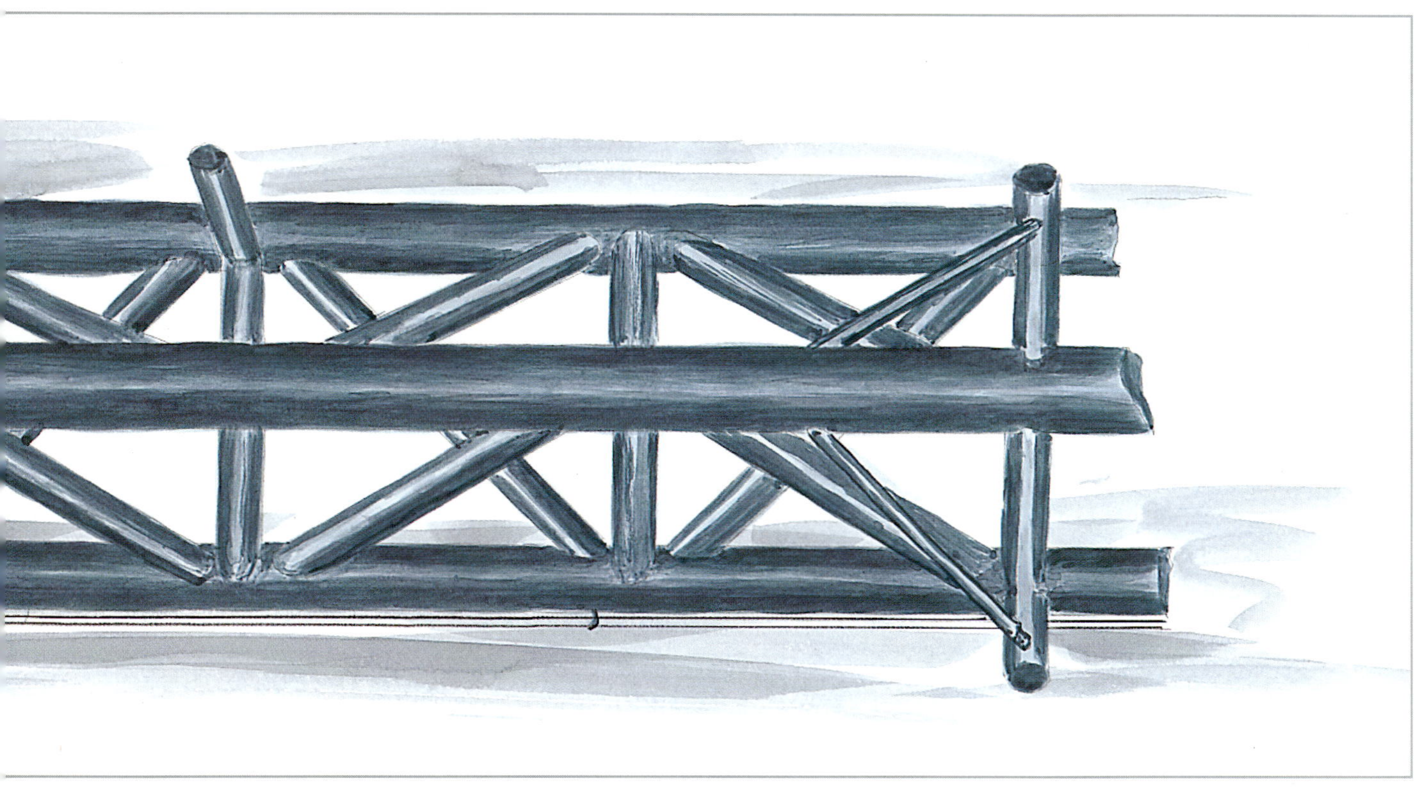

Schweben wie in einer Weltraumstation: zwischen den Pfeilern des Turms

bei der Stromgewinnung zu Ungunsten der Ölkraftwerke. Trotz der idealen Lage am Mittelmeer ist Ägypten somit nur begrenzt in der Lage, Devisen durch Erdölexporte zu erwirtschaften.

Wer entlang der Riffkante von Little Gubal nach Norden fährt, kann die Überreste des Ölbohrturms nicht verfehlen. Der obere der drei Holme ragt parallel zur Riffkante aus dem Wasser. Die Herkunft des Plattformpfeilers ist bis heute nicht geklärt. Das nächstgelegene Ölfeld liegt ca. 25 km weiter nordwestlich in Höhe von Tawila Island. Daß der 33 Meter lange Pfeiler beim Errichten einer Plattform abtrieb und hier strandete, ist somit eher unwahrscheinlich. Eine weitere Möglichkeit besteht darin, daß ein Hochseeschlepper den Pfeiler zum Bau einer Plattform an der Wasseroberfäche schleppend hinter sich herzog. Hierbei könnte die Luft aus den Kammern des Turms entwichen sein, so daß er sank. Gegen diese These spricht, daß die benötigten Teile für die Ölfelder in einem Hafen nördlich vom Zeit Channal bei Mersa Seitija geladen werden. Da sich südlich von Gubal keine weiteren Ölfelder befinden, ist nicht anzunehmen, daß ein Schlepper so weit abseits der Felder mit einem neuen Pfeiler unterwegs war. Betrachtet man seine Abnutzungserscheinungen, so liegt der Schluß nahe, daß er bereits einige Zeit in Betrieb gewesen sein mußte. Möglicherweise sollte der alte Pfeiler auch nur entsorgt werden. Hierzu schleppte man ihn weiter nach Süden, um ihn im freien Wasser zu versenken. Nördlich von Gubal rissen die Schleppseile und der Turm wurde durch starken Wind an die Riffkante getrieben, wo er leck schlug und sank.

Der 33 Meter lange Turmpfeiler besteht aus drei einzelnen 1,5 Meter im Durchmesser messenden Rohren, die ein gleichschenkliges Dreieck bilden. Untereinander sind sie durch weitere Rohre miteinander verbunden. Der untere Längsholm liegt parallel zum Riff. Die querverlaufenden Rohre sowie der rechte obere Längsholm sind an die Riffwand angelehnt. Entlang der Innenseite des linken Trägers verlaufen vier Rohrleitungen. Weitere zwei Rohrleitungen befinden sich an der Außenseite des unteren und eine an der rechten Innenseite des linken Trägers. Hierbei handelt es sich um Versorgungleitungen und nicht wie oberflächlich betrachtet um Ölleitungen. Weitere abgerissene Versorgungsrohre liegen auf dem Meeresboden bis in eine Tiefe von 12 Metern verteilt herum. Am nördlichen Ende des Trägers verbreitert sich die Konstruktion durch einen vom unteren Holm abstehenden, ins offene Wasser ragenden Querträger, der durch Verstrebungen verstärkt wird. Oberhalb dieser Konstruktion lag ursprünglich die Plattform.

Die Bauform sowie die Korrosionen lassen darauf schließen, daß der Ölturmträger hier seit Mitte der achtziger Jahre liegen muß. Dennoch sind die riesigen Stahlrohre kaum bewachsen. Vereinzelt siedeln hier und dort ein paar Hart- und Weichkorallen auf dem Ungetüm vor der Riffwand. Ob dies auf die noch immer gut erhaltene Grundierung, den verwendeten Stahl oder auf die Kontamination durch auslaufendes Öl zurückzuführen ist, bleibt ungeklärt.

Die Überreste des Ölturmträgers sind sicherlich nicht so spektakulär wie die in der Nähe liegende Rosalie Moller

oder der Kabelleger. Dennoch hat ein Tauchgang hier einen gewissen Reiz. Am frühen Nachmittag sorgen die einfallenden Sonnenstrahlen für ein bizarres Licht- und Schattenspiel auf der wie das Spielzeuggerüst eines Riesen wirkenden Stahlkonstruktion. Das schwerelose Dahingleiten zwischen den mächtigen Rohren vermittelt dem Taucher mehr das Gefühl, an einer Weltraummission teilzunehmen als an einem Wracktauchgang im Roten Meer.

Obwohl die Stahlkonstruktion bereits einige Zeit im Wasser liegt, ist sie nur spärlich bewachsen. Gut sind hier auch die Versorgungsleitungen zu erkennen.

10. Kabelleger

GPS:	N 27° 41,20′ E 33° 48,19′
Ort:	Nördliche Riffkante von Little Gubal oberhalb des Lighthouse
Maximale Tiefe:	29 Meter
Minimale Tiefe:	1 Meter
Strömungen:	Teilweise starke Strömungen in West-Ost-Richtung. Wird das Wrack zu Beginn des Tauchgangs verfehlt oder das Boot am Ende des Tauchgangs, ist die Gefahr des Abtreibens sehr hoch. Entsprechende Vorkehrungen wie das Mitführen von Seenotsignalen sind dringend angeraten.
Sicht:	meist gut
Schwierigkeiten:	Bei starkem Nordwind und rauher See ist das Tauchen nicht möglich.

Das Wrack des ca. 90 Meter langen Frachters an der nördlichen Riffkante von Gubal gibt eine Vielzahl von Vermutungen und Spekulationen über seine Herkunft auf. Einer der ersten, der 1980 am Wrack tauchte, war der Basisbesitzer Rudi Kneip aus Hurghada. Neben elektrischem Material wie Kabeln, Kabeltrommeln, Masten und Isolatoren fanden sich vor allem im Heck des Schiffes Bodenfliesen, Eisenrohre und Fässer. Die viereckigen Gläser mit der Aufschrift „SIEMENS Brother London" waren es, die die Recherchen über das Schiff in Gang brachten. Eine Anfrage beim Siemens-Museum in München ergab, daß es sich bei den Gläsern um Teile für die Indo-Line gehandelt haben könnte. Diese 11.000 km lange Telegraphenleitung wurde 1870 eröffnet und war bis 1983 noch

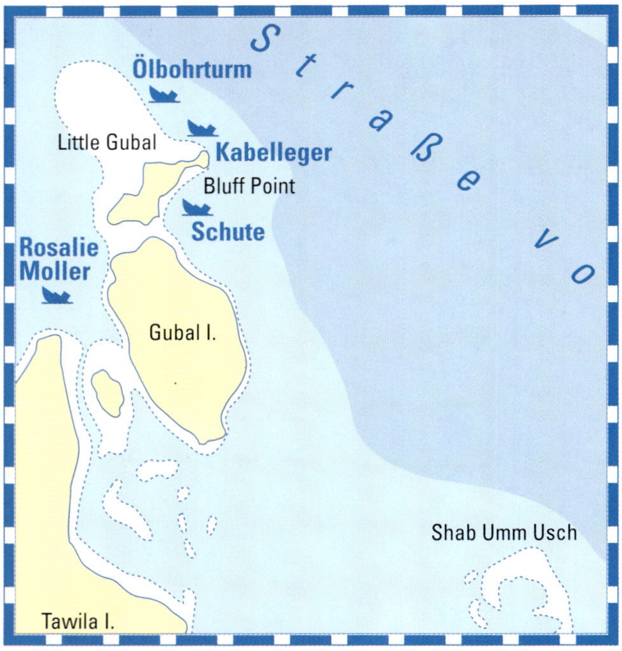

Gebaut:	unbekannt
Stapellauf:	unbekannt
Bauwerft:	unbekannt
Bau-Nummer:	unbekannt
Flagge:	Vermutlich britisch
Reederei:	unbekannt
Länge über alles:	ca. 85-90 Meter
Breite:	ca. 9 Meter
Seitenhöhe:	unbekannt
Tiefgang:	unbekannt
Tragfähigkeit:	unbekannt
Vermessung:	unbekannt
Antrieb:	Dampfmaschine sowie Hilfssegel
Leistung:	unbekannt
Geschwindigkeit:	unbekannt

Kapitän:	unbekannt
Besatzung:	unbekannt
Passagiere:	unbekannt
Verluste:	unbekannt
Ladung:	Elektrisches Material, Kabel und Kabelrollen, Keramikisolatoren, Rohre, Fliesen und schwere Maschinenteile.
Letzte Fahrt:	unbekannt
Gesunken:	Vermutlich zwischen 1920 und 1930
Ursache:	Auf das Riff bei Little Gubal aufgelaufen

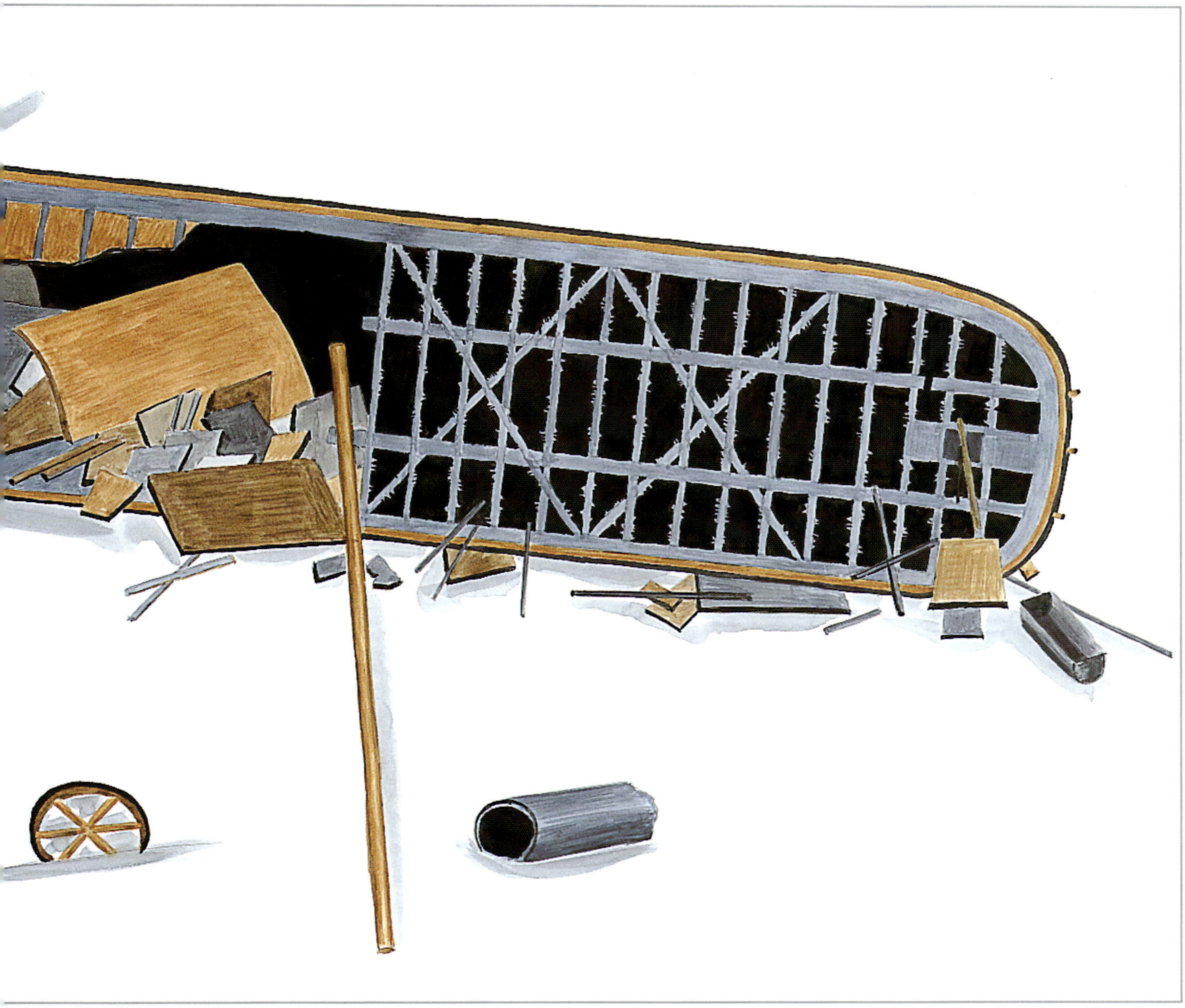

teilweise in Betrieb. Die Eisenmasten sowie die auf Zapfen einzementierten Isolatoren der Leitung gleichen denen der im Wrack gefundenen Masten und Isolatoren. Ein Teil der Ausrüstung für die Telegraphenlinie wurde bei Siemens Brothers in London gefertigt. Daß es sich bei dem Schiff um ein britisches gehandelt haben muß, untermauern Porzellanfunde mit der Herstelleraufschrift „Primavesi" aus Newport und Swansea. Zahlreiche Mineralwasserflaschen aus dem Heckbereich des Wracks weisen Gravuren des irischen Herstellers Wheller auf. Da die bis 1880 existierende Firma Siemens Brothers am Aufbau der Linie im Bereich des Persischen Golfs mit zwei Kabellegern beteiligt war, lag der Schluß nahe, daß es sich bei dem Wrack am Bluff Point um eines der beiden gehandelt haben könnte. Recherchen bewiesen jedoch, daß die zwei Schiffe an anderer Stelle ihre Fahrt beendeten. Somit muß das unbekannte Wrack ein Frachtschiff sein, das unter anderem eine große Ladung an elektrischem Material transportierte.

Die Untergangsstelle bei Little Gubal läßt zwei mögliche Spekulationen über die Fahrtroute des Frachters zu. Sie liegt an der westlichen Seeroute, die die meisten Schiffe beim Verlassen des Golfs von Suez wählen. In diesem Fall befand sich das Schiff mit seiner Ladung auf dem Weg ins südliche Rote Meer. Auf der anderen Seite kann es sich bei dem Frachter um einen Versorger der Ölfördergesellschaft gehandelt haben, die in den zwanziger und dreißiger Jahren in dieser Region aktiv war. Zu dieser Zeit bohrten die Briten auf Gubal und Tawila nach Öl. In diesem Fall hätte der Frachter direkt Kurs auf Gubal genommen, um hier Ladung zu löschen. Die an Bord befindlichen Güter sind durchaus auch für den Aufbau einer Bohrstation geeignet. Hierbei muß das Schiff vom Kurs abgekommen sein und lief auf der Nordseite des Riffs bei Little Gubal auf. Normalerweise wurden die Frachtschiffe auf der wettergeschützten Südseite der Insel entladen, an der sich auch das Wrack der Schute findet, die ebenfalls aus dieser Epoche stammt.

Nach der Kollision sank das Schiff nicht sofort. Einer der zur Stabilisierung auf das Riffdach geworfenen Anker befindet sich noch heute im Flachwasser. Der Frachter hielt sich vermutlich noch einige Tage am Riff und man versuchte, die Ladung zu bergen. Die an dieser Stelle vorherrschenden starken Strömungen und die Brandung besiegelten jedoch das Schicksal des Havaristen. Die Naturgewalten zerbrachen das Schiff in Höhe des Maschinenraums. Während das Mittschiff und das Heck in 28 Meter Tiefe relativ unbeschädigt blieben, zerschlug die anbrandende See den vorderen Teil des Schiffs in kürzester Zeit.

Das Achterschiff mit seinen Spanten und Deckträgern bildet eine der Hauptattraktionen des Kabellegers.

Nur an wenigen Tagen des Jahres ist es möglich, die Überreste des Frachters an der nördlichen Riffseite bei Little Gubal zu besuchen. Das Dampfsegelschiff aus der Jahrhundertwende ist inzwischen integraler Bestandteil der Unterwasserlandschaft geworden. Während die Bugsektion nahezu völlig zerstört ist, sind der hintere Teil des Mittschiffs sowie das Heck relativ gut erhalten. Unverkennbar ergeben sich Parallelen zur Dunraven, Sarah und in gewisser Weise mit der Carnatic, die alle aus dieser Epoche stammen.

Am besten beginnt man den Tauchgang am Heck in 28 Meter Tiefe. Imposant hebt sich die Silhouette des auf der Steuerbordseite liegenden Frachters vom blauen Wasser ab. Die Hälfte der vierflügeligen Schraube ragt aus dem Grund hervor. Das Ruder ist um 90 Grad nach backbord eingeschlagen. Beide sind genauso wie die gesamte Bordwand im Heckbereich mit Krustenanemonen überwuchert. Bevor die Besichtigungstour durch das Achterdeck begonnen wird, sollte noch ein Blick auf die Badewanne und die zahlreichen Flaschenscherben geworfen werden, die unmittelbar am Ende des Wracks auf dem Grund liegen. Sie stammen vermutlich aus der Kapitänskajüte, die im Heck untergebracht war. Das Achterdeck wird von einer Rollenkonstruktion, die vermutlich dem Fieren von Seilen diente, dominiert. Sie war es, die im Zusammenhang mit einem Teil der Ladung die Vermutung nahelegte, es handele sich bei dem Wrack um einen Kabelleger. Das sich anschließende Achterschiff stellt eine der Attraktionen des alten Frachters dar. Die Beplankung der zwei niedrigen Decks ist inzwischen vermodert und die verbliebenen Spanten und Deckenträger sorgen bei einfallendem Sonnenlicht für eine gigantische Atmosphäre. Am Schiffsboden liegen zahlreiche Fässer mit versteinertem Inhalt. Bei genauerer Betrachtung sind in dem Chaos Rohre, Stangen und Maschinenteile zu identifizieren. Bewundern lassen sich in diesem Bereich auch die Überreste des offenen Wellentunnels.

Das Mittschiff ist stark zerstört und erinnert mehr an einen Schrottplatz als an ein Schiff. Erst bei detaillierter Betrachtung lassen sich Einzelheiten der Maschine, wie Kessel, Dampfrohrleitungen und Ventile auf dem Meeresgrund erkennen. Dominiert wird dieser Platz vom einstigen Schwungrad der Maschine. Es zählt vermutlich zu den am meisten fotografierten Motiven des Wracks. Am Fuß der Riffwand finden sich weitere Bestandteile der Dampfmaschine. Unübersehbar sind der seewärts liegende Schornstein sowie einige zylindrische Behälter, die wahrscheinlich ebenfalls zur Maschine gehörten. Dazwischen liegen halb vom Sand bedeckt mehrere gußeiserne Speichenräder unbekannter Funktion. Wahrscheinlich waren sie Bestandteil der Ladung. In den Trümmern finden sich aber auch Indizien, daß es sich um ein Dampfsegelschiff gehandelt hat. Ein dünner Mast ragt aus den Wrackteilen ins offene Wasser. An den zerbrochenen Bordwänden sind Juffern zu erkennen. Die in sich zusammengefallenen Schiffswände bilden zahllose kleinere Räume und Nischen, in denen sich Fische vor den neugierigen Blicken der Taucher verbergen.

Für immer steht das alte Schwungrad der Dampfmaschine still.

Unbekannt ist die Funktion dieses Rades. Ob es als Reserveschwungrad dienen sollte oder zum Ausbringen von Kabeln bleibt ungewiß

Vom Vorschiff ist nur wenig erhalten geblieben. Die Wucht der Wellen hat im Laufe der Jahre nahezu alles zerschlagen. Je näher man dem Riffdach kommt, desto unübersichtlicher wird das Trümmerfeld. Die bisweilen heftigen Strömungen sowie die hohen Wellen verhindern zumeist eine Erkundung dieser Sektion durch Taucher. Zwischen den Korallen liegen haufenweise Rohre, Keramikisolatoren und Fliesen umher. Auf dem Riffdach ruht einer der beiden Anker, die ausgeworfen wurden, um ein Sinken des Schiffes zu verhindern. Gerade in diesem Abschnitt zeigt sich, wie die Natur die durch einen Eindringling gerissenen Wunden heilt. Unterschiede zwischen Riff und Wrackteilen bzw. Ladungsgütern sind kaum mehr zu erkennen. Fische schwimmen geschäftig in dieser bizarren Unterwasserlandschaft umher. Die Strömung, die das Tauchen zum Teil erheblich erschwert, trägt andererseits für einen abwechslungsreichen Besuch am Wrack bei. Barrakudas, Rochen, Schildkröten und mit ein wenig Glück sogar Haie sorgen immer wieder für Überraschungen bei einem Tauchgang am unbekannten Frachter von Gubal.

Die Rollenkonstruktion am Heck trug zu den Spekulationen bei, ob es sich bei dem Wrack um einen Kabelleger handelte

Hunderte von Masten, Isolatoren und Kabeln dominieren das Bild im Mittschiffsbereich

11. Schute

Die südliche Bucht unterhalb der Landspitze von Little Gubal zählt zu den begehrten Ankerplätzen von Safaribooten. Auch bei rauher See bietet sie ausreichend Schutz. Das automatische Leuchtfeuer am Bluff Point dient den großen Schiffen bei ihrer Einfahrt in den Golf von Suez als Orientierung. Neben der abwechslungsreichen Unterwasserlandschaft befinden sich an dieser Stel-

GPS:	N 27° 40,679` E 33° 48,276`
Ort:	Bluff Point, Little Gubal
Maximale Tiefe:	14 Meter
Minimale Tiefe:	12 Meter
Strömungen:	Selten. Wenn allerdings Strömungen auftreten, sind diese relativ stark und in keinem Fall zu unterschätzen.
Sicht:	Zumeist gut bis sehr gut. Empfehlenswert ist die Schute für Dämmerungs- und Nachttauchgänge.
Schwierigkeiten:	keine
Gebaut:	unbekannt
Stapellauf:	unbekannt
Bauwerft:	unbekannt
Bau-Nummer:	unbekannt
Flagge:	unbekannt
Reederei:	Wahrscheinlich Eigentum der Ölfördergesellschaft Little Gubal
Länge über alles:	38 Meter
Breite:	6,30 Meter
Seitenhöhe:	3,30 Meter
Tiefgang:	ca. 2 Meter
Tragfähigkeit:	unbekannt
Vermessung:	unbekannt
Antrieb:	keiner, wahrscheinlich Winden
Kapitän:	unbekannt
Besatzung:	keine
Passagiere:	keine
Verluste:	unbekannt
Ladung:	unbekannt
Letzte Fahrt:	unbekannt
Gesunken:	unbekannt
Ursache:	unbekannt

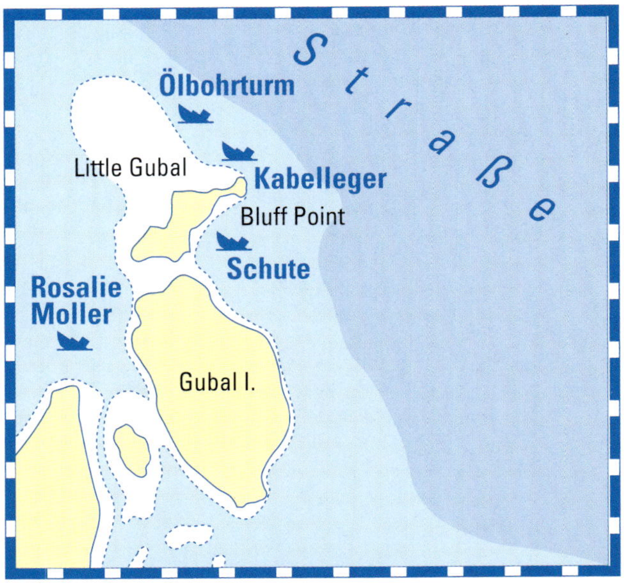

le jedoch auch zwei Wracks. Das Bekanntere ist eine ehemalige Transportschute welche auch als Leichter bezeichnet wird. Die Form und die Schweißnähte deuten auf einen Bau zwischen 1910 und 1930 hin.
Über den einstigen Eigner sowie die Gründe, warum der Leichter hierher kam und warum er sank, kann nur spekuliert werden. Die unterschiedlichsten Szenarien sind denkbar. Am wahrscheinlichsten ist, daß der Leichter zur ehemaligen Ölbohrstation gehörte, deren Überreste noch heute am Strand zu finden sind. Vermutlich diente er zum Entladen von größeren Versorgungsschiffen, die in der geschützten Bucht vor Anker lagen. Ein Anlanden der großen Schiffe ist, bedingt durch das vorgelagerte Korallenriff, nicht möglich. Das Verholen des Leichters zwischen Land und Versorgungssschiff erfolgte über handbetriebene Seilwinden. Eine dieser Winden befindet sich noch heute im Bug des Wracks und untermauert diese These. Nachdem die Bohrarbeiten in den dreißiger Jahren eingestellt waren, ließ man vermutlich die nicht mehr benötigte Schute zurück. Sie sank in der Folgezeit. Andere Spekulationen gehen davon aus, daß der Leichter zu einem Transportverband gehörte, der bei schwerer See auf der Nordseite von Bluff Point Wasser aufnahm. Der Versuch, die angeschlagene Schute auf der ruhigeren Südseite im seichten Wasser auf Grund zu setzen oder sie eventuell leerzupumpen scheiterte und sie sank. Denkbar wäre auch, daß man den alten Leichter loswerden wollte und ihn dort versenkte. Hierfür können die leeren Laderäume sowie die Tatsache sprechen, daß sämtliche Seiltrommeln sowie das Ruder fehlen.
Die Überreste des alten Schleppkahns ruhen in einer Tiefe von maximal 14 Metern. Von dem 38 Meter langen und ca. 6 Meter breiten Wrack sind lediglich die 3,30 Meter hohen Außenbordwände gut erhalten. Sie werden zum Schiffsinneren von einen 1,50 Meter breiten Deckenstreifen gesäumt. Die Ladeluken weisen eine Breite von etwa 3 Metern auf. Der Leichter verfügte über keinen eigenen Antrieb. Das Ruder, sofern das Schiff über ein solches verfügte, wurde offensichtlich bei Bedarf in eine Führung am Heck des Bootes gesteckt.
Heute liegt das Wrack in einer Tiefe zwischen 12 und 14 Metern aufrecht auf dem Grund. Der offene Schiffsrumpf ist gut überschaubar und macht den Leichter zu einem idealen Wrack für Einsteiger. Bei Fortgeschrittenen steht es vor allem für Nachttauchgänge hoch im Kurs. Die Bordwände, Spanten und Streben sind bei ruhiger See schon von der Oberfläche aus zu sehen. Im Bug liegt die kleine Winde, die inzwischen vom Deck heruntergestürzt

Über und über mit Weichkorallen bewachsen wirkt die Steuerbordwand mit ihren Decksresten wie eine Galerie

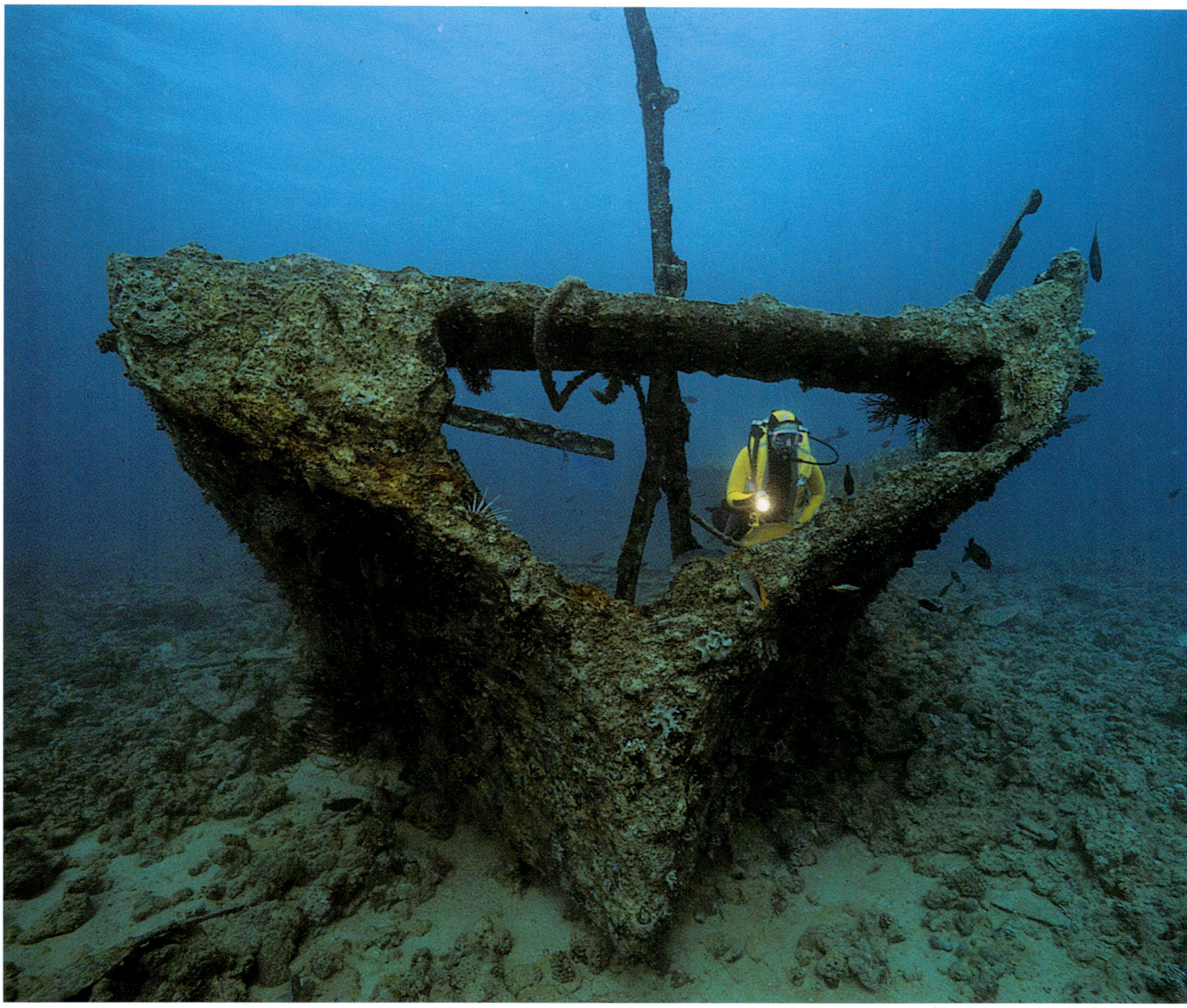

Steuerlos: das Heck der alten Transportschute

ist. In der Außenwand imponieren, vornehmlich im Bug- und Heckbereich, mehrere große Löcher. Ob diese für den Untergang ursächlich waren, bleibt ungewiß. Die Steuerbordseite weist mittschiffs erhebliche Zerstörungen auf. Der Boden wird von Korallentrümmern und Sand bedeckt. Die Reste der Keramikspüle wurden vermutlich zu einem späteren Zeitpunkt hier entsorgt. Am Heck scheint der Leichter relativ gut in Schuß zu sein.

Vor allem der üppige Bewuchs sowie die zahlreichen Bewohner machen das Wrack zu einer Attraktion der besonderen Art. Lederkorallen der unterschiedlichsten Formen und Farben zieren die Bordwände sowie die Reste der Deckenstreifen und lassen sie wie eine Modern-Art-Galerie erscheinen. Falterfisch-Pärchen durchstreifen das Wrack wie ein Liebespaar beim Sonntagsspaziergang. Im Bug jagen einige kapitale Rotfeuerfische einen Schwarm Jungfische. In den Korallentrümmern in und um das Wrack herum lauern regungslos Krokodilfische auf Beute. In der Nacht umspielen Sepien die Bordwände und wer bis dato noch keine Spanische Tänzerin gesehen hat, kommt sicherlich hier auf seine Kosten.

Unweit des Leichters liegt die Sea Breeze, ein 1989 gesunkenes Safariboot. Das aus Sharm el Sheikh gekommene Boot ankerte für eine Nacht in der geschützten Bucht bei Little Gubal als am folgenden Morgen aufgrund eines technischen Defekts Feuer an Bord ausbrach. In kürzester Zeit legte es das 18,5 Meter lange Schiff in Schutt und Asche. In den nächsten zwei Wochen wurden durch Plünderer die zwei 210 PS starken Caterpillar-Dieselaggregate, das Getriebe, die beiden Schiffsschrauben und alles noch einigermaßen Brauchbare geborgen. Heute bildet die Sea Breeze zusammen mit dem Leichter einen abwechslungsreichen Tauchgang, der in Kombination mit Flora und Fauna bei Little Gubal ein wunderschönes Nachmittags- oder Nachtvergnügen darstellt.

12. Rosalie Moller

GPS:	N 27° 39,061´ E 33° 46,281´
Ort:	Nördlich von Tawila Island auf der Höhe von Gubal Island im freien Wasser
Maximale Tiefe:	51 Meter
Minimale Tiefe:	28 Meter
Strömungen:	Häufig starke Strömungen
Sicht:	Meist geringe Sichtweiten
Schwierigkeiten:	Das Wrack liegt relativ tief, so daß alle Tauchgänge dekompressionspflichtig sind. Die geringen Sichtweiten erschweren die Orientierung und, da die zumeist vorherrschenden Strömungen das unmittelbare Auftauchen verhindern, sollten hier nur Erfahrene tauchen.
Stapellauf:	Januar 1910
Bauwerft:	Barclay, Curles&CO. LD., Glasgow, Schottland
Bau-Nummer:	unbekannt
Flagge:	englisch
Reederei:	Moller Line Ld.,Shanghai
Länge über alles:	110 Meter
Breite:	16 Meter
Seitenhöhe:	21 Meter (inkl. Schornstein)
Tiefgang:	8 Meter
Tragfähigkeit:	unbekannt
Vermessung:	3.963 BRT
Antrieb:	Dampf
Leistung:	unbekannt
Geschwindigkeit:	14 Knoten
Kapitän:	unbekannt
Besatzung:	unbekannt
Passagiere:	unbekannt
Verluste:	unbekannt
Ladung:	Kohle für das britische Nordafrika Korps
Letzte Fahrt:	Glasgow - Alexandria in einem Konvoi von 16 anderen Schiffen
Gesunken:	6.10.1941
Ursache:	Bombardierung mit einer 2000 kg Bombe eines deutschen Heinkelbombers HE-111P-4

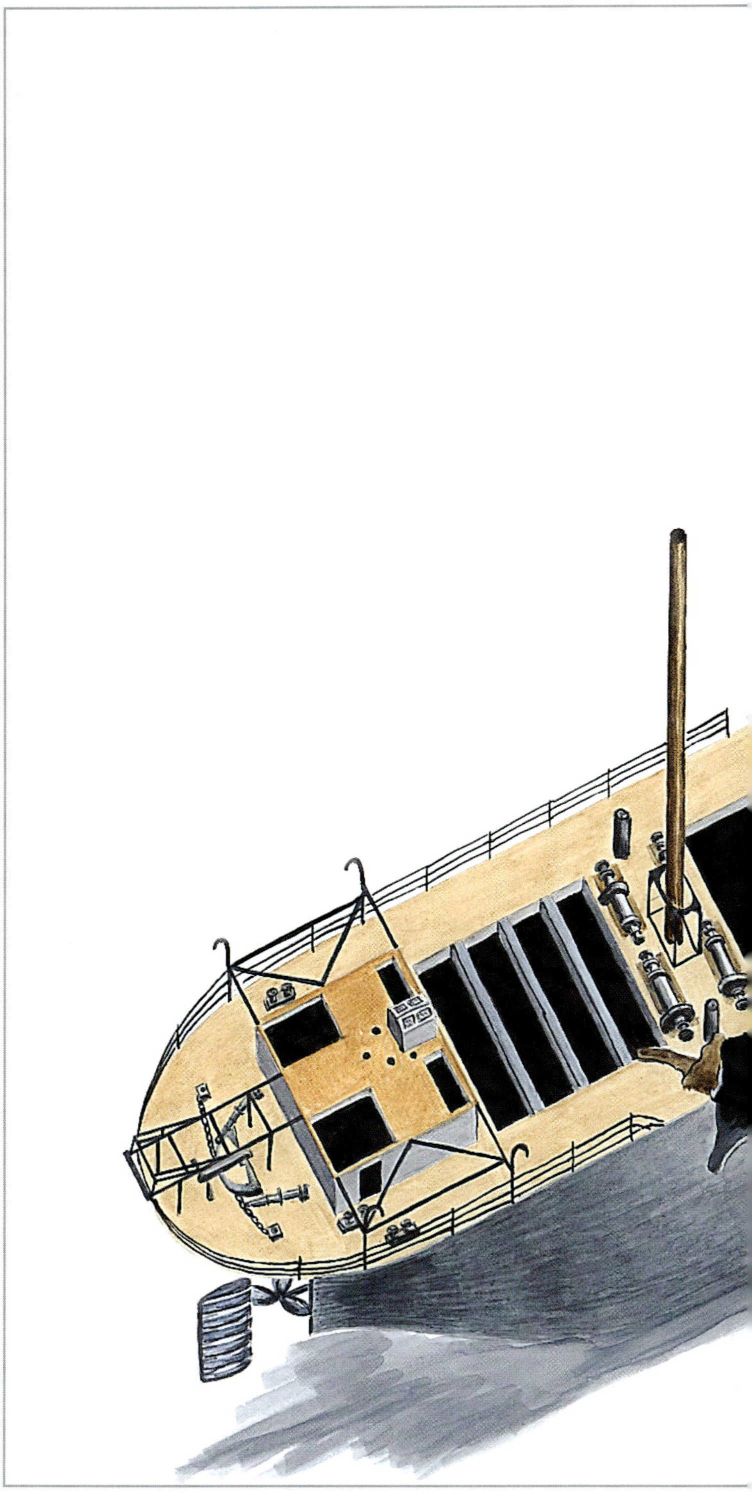

Im Januar des Jahres 1910 läuft die „Francis" in Glasgow vom Stapel. Das 110 Meter lange und 16 Meter breite Schiff wurde in den folgenden Jahren vor allem als Stückgutfrachter eingesetzt. Nach über 20 Jahren Dienstzeit kaufte sie 1931 die renommierte Reederei Moller in Shanghai. Nach alter Tradition der Reederfamilie erhielt das Schiff neben dem Nachnamen Moller einen weiblichen Vornamen aus der Familie. Aus der „Francis" wurde so die Rosalie Moller. Der Ausbruch des II. Weltkrieges verhinderte die drohende Verschrottung der alten Dame. Nach einigen Umbauten am Schiff wurde sie zum Transport kriegswichtiger Güter requiriert. Auf eine Bewaffnung wurde verzichtet, da sie nicht für den Transport von Waffen oder geheimem Kriegsmaterial bestimmt war. Ihre letzte Fahrt trat sie im südafrikanischen Durban an. Hier bunkerte sie 4.680 Tonnen Kohle, die als Brennstoff für dampfgetriebene Maschinen, Lokomotiven und Kraftwerke des britischen Afrikakorps vorgesehen waren. Ihr

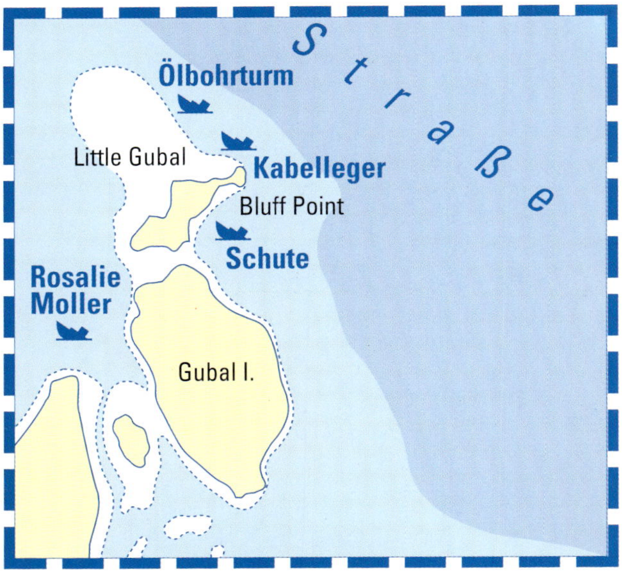

Weg führte sie über Aden in das Rote Meer, hinauf bis zur Straße von Gubal. Zusammen mit einem Konvoi von anderen Schiffen wartete sie auf die Einfahrt in den Suezkanal. Dieser wurde durch ein anderes Schiff blockiert, das auf eine deutsche Mine aufgelaufen war. Unter Dampf stehend wartete die Rosalie Moller auf der dem Festland zugewandten Seite von Gubal auf die Weiterfahrt nach Alexandria, ihrem eigentlichen Zielhafen. In der Nacht des 6.10.1941 waren zwei deutsche Heinkel Bomber vom Typ HE-111P-4 von ihrer Basis auf Kreta gestartet, um nach einem bestimmten Ziel zu suchen, daß sie nicht gefunden hatten. Während der eine beim Rückflug die Küste des Sinai entlangflog, suchte der andere parallel die ägyptische Festlandküste ab. Das große Schiff hob sich in der Dunkelheit deutlich vom Wasser ab. Da die Rosalie Moller über keine Bewaffnung verfügte, wurde sie zum leichten Opfer der deutschen Bomber. Die 2.000 Kilo-Bombe traf sie steuerbords zwischen dem dritten und vierten Laderaum. Der Treffer lag unmittelbar unter der Wasserlinie, die aufgrund der Kohleladung ohnehin ihr Maximum erreicht hatte. Innerhalb kürzester Zeit sank das Schiff über das Heck und blieb in 50 Meter Tiefe aufrecht auf dem Meeresgrund stehen.

Lange Zeit war die Rosalie Moller unbeachtet. Für die Safariboote aus Hurghada und Sharm el Sheikh lag sie weit ab. Erst nach der Wiederentdeckung der Thistlegorm und dem beginnenden Wracktourismus im Roten Meer wurde nach dem „Schwesterschiff" der Thistlegorm, die in der selben Nacht versenkt wurde, gefahndet. Obwohl ihre Position seit Ende der achtziger Jahre bekannt ist, wird die Rosalie Moller nur selten angelaufen. Dies liegt zum einen sicherlich an ihrer Lage. Aufgrund der Tiefe sind alle Tauchgänge dekopflichtig. Die

Wrackfeeling pur: der Bug der Rosalie Moller zählt zu einem Muß für jeden Wrackenthusiasten

schlechte Sicht und die zum Teil starken Strömungen ermöglichen nur erfahrenen Tauchern einen Abstieg zur Rosalie Moller.

In Anbetracht der Größe des Schiffes, der Tiefe und der damit verbundenen kürzeren Tauchzeit sowie der vor allem in den Nachmittagsstunden schlechten Sicht, kann die Rosalie Moller nur in mehreren Tauchgängen erkundet werden. Die antiquierte Form läßt die „alte Dame" noch älter erscheinen als sie ohnehin schon ist. Ihre Unberührtheit und der hervorragende Erhaltungszustand sorgen allerdings für Wracktauchen pur. Das wie aufgeräumt wirkende Deck vermittelt dem Taucher das Gefühl als erster an der Rosalie Moller zu sein; einer von vielen Gründen, warum sie zu den faszinierendsten Wracks im nördlichen Roten Meer zählt.

Aus 50 Meter Tiefe, von vorne betrachtet, wirkt die Rosalie Moller fast bedrohlich. Der steil und gerade nach oben verlaufende Bugsteven hebt sich dunkel vom grau-blauen Wasser ab. Die Ankerkette ist heruntergelassen, ein Indiz dafür, daß das Schiff vor Anker lag als es versenkt wurde. Ein längerer Aufenthalt in dieser Tiefe ist aufgrund der damit verbundenen Dekompressionsstops jedoch nicht ratsam. Die Bugsektion vor dem ersten Laderaum mit ihren drei kleinen Vorschiff-Aufbauten wirkt, als sei sie erst vor wenigen Minuten aufgeräumt worden. Alle Wrackteile sind mit einer dünnen Sedimentschicht überzogen. Im Gegensatz zu anderen Wracks erscheint der Bewuchs an den Aufbauten und am Schiffskörper eher spärlich, in Anbetracht der Tiefe ist er jedoch nicht zu verachten.

Richtung Mittschiff folgen der erste und zweite Laderaum. Die schmalen Ladeluken sind ein Beweis für das Alter des Schiffes. Ein Abstieg offenbart die Ladung des Dampfers; die Kohlen sind im Laufe der Jahrzehnte untereinander verbacken und stark verkrustet. Die Inspektion in fast 40 Meter Tiefe ist jedoch nur von geringem Interesse. Zwischen dem ersten und zweiten Laderaum befindet sich der vordere Lademast. Die Winschen wirken, als seien sie jederzeit einsatzbereit. Unmittelbar hinter dem zweiten Laderaum erhebt sich die Brücke. Ihre oberen hölzernen Aufbauten sowie die Deckplanken sind zum Großteil weggefault und zusammengebrochen. Die Betonplatten, die einst zum Schutz der Brücke angebracht wurden, liegen zum Teil wie Dominosteine übereinander getürmt zwischen den Stahlträgern der Brückenaufbauten. Durch die fehlenden Decken ist vieles weiter nach unten gerutscht. Zwischen Brücke und dem steil aufragenden Schornstein befindet sich der Kohlebunker für die Dampfmaschine. Die zwei Ladekräne für den Kohlebunker flankieren den Schornstein seitwärts. Dieser bildet mit seiner oberen Kante in 18 Meter Tiefe zugleich den höchsten Punkt des Schiffes. Beidseitig ist das große „M" der Reederei zu erkennen. Sehenswert ist ebenfalls der kleine Ausguck mit der Dampfpfeife.

Die sich anschließenden Mittschiffsaufbauten sind ebenfalls gut erhalten. Wie schon im Bereich der Brücke, sind die Deckplanken weggerottet und die Innenräume können bequem von oben eingesehen werden. Die Außenbordkabinen liegen rechts und links und waren durch einen langen Durchgang zu erreichen. Bewundern lassen sich eine Badewanne, Waschbecken und eine Werkbank

Auf dem ausladenden Heck läßt sich die gewaltige Ruderanlage bestaunen.

Großaugensoldatenfische im Schutz der Vorschiffaufbauten

mit Schraubstock. Das große Oberlicht mit seinen zwölf Bullaugen weist den Weg zum Maschinenraum. Durch das teilweise eingestürzte Dach gelangt man problemlos in das Herz des Schiffes. Obwohl durch das Oberlicht genügend Licht einfällt, ist eine starke Lampe unverzichtbar. Entlang der Wände ziehen sich Rohrleitungen in die Tiefe. Laufroste führen um die kleineren und größeren Aggregate herum. Über Treppen gelangt der neugierige Taucher bis zum Kessel hinab. Die meisten Eisenteile sind korrodiert und verkrustet. Zu den Highlights zählt der kleine Maschinentelegraph. In Winkeln und Nischen hängen Glühbirnen unter der Decke mit dem Aufdruck „Osram DRP", ein Indiz, daß das Inventar der Rosalie Moller aus der Zeit vor dem II. Weltkrieg stammt.
Zwischen dem sich anschließenden dritten und vierten Laderaum findet man steuerbords die Ursache für den Untergang des Schiffes. Ein riesiges klaffendes Loch ist die Folge des Bombentreffers. Die verbogenen, scharfkantigen Eisenplatten lassen die Kraft der Explosion erahnen, die der Rosalie Moller zum Verhängnis wurde. Wie schon im Vorschiff befindet sich ein Lademast mit seinen Ladebäumen zwischen dem dritten und vierten Laderaum. Sorgfältig aufgerollte Tampen und die intakt erscheinenden Winschen erwecken den Eindruck, als könne das Schiff jederzeit abfahren. Die Davits sind wie mittschiffs und achtern ausgeschwenkt und leer, ein Hinweis darauf, daß sich die Besatzung vor dem Untergang retten konnte.

In den hinteren Aufbauten liegt die Kombüse. Töpfe und Pfannen befinden sich noch an ihren Plätzen, sind jedoch teilweise mit dem Schiff verbacken. Wie auch im Bereich der Brücke und der Mittschiffsaufbauten sind die Decksplanken verrottet. Die seitlichen Durchgänge sowie die Überdachung des Hecks lassen sich gut von oben inspizieren. Das Heck wird dominiert von der wunderschön erhaltenen Ruderanlage. Die umspannenden Steuerketten verschwinden nach geraumer Zeit unter Deck und ziehen zur Brücke. Die komplett erhaltene Reling umfaßt das gesamte Heck. Sie ist zum Teil mit Feuerschwämmen bewachsen, die im Schein einer Lampe wie Partylichterketten auf der Reling wirken. Läßt man sich am Heck hinuntergleiten, so kann noch einmal ein phänomenaler Blick genossen werden. Das Heck der Rosalie Moller wirkt eher wie das eines Segelschiffes als das eines Dampfschiffes. Von der vierblättrigen Schraube sind nur noch drei Blätter vorhanden. Ob das rechte fehlende Blatt beim Aufprall abbrach, ist nicht gerade wahrscheinlich, denn auf dem umgebenden Grund ist es nicht zu entdecken. Durch die Detonation der Bombe kann es ebenfalls nicht abgerissen worden sein, denn dann wären weitere Schäden am Heck zu sehen. Ob dieses Rätsel je gelöst wird, bleibt abzuwarten.

Die Brücke der Rosalie Moller wirkt wie ausgestorben: Durch die Explosion einer Fliegerbombe stürzten die Betonplatten in das darunter befindliche Stockwerk

Ordnung muß sein: Die Küche wirkt, als sei sie erst vor wenigen Minuten verlassen worden

13. Giannis D

Breite:	16 Meter
Seitenhöhe:	7,9 Meter
Tiefgang:	6,52 Meter
Tragfähigkeit:	5.517 Tonnen
Vermessung:	2.932 BRT
Antrieb:	2x6 Zylinder Diesel (Akasaka Tekkosho K.K. Diesel Ltd., Japan)
Leistung:	3.000 PS
Geschwindigkeit:	12 Knoten
Kapitän:	unbekannt
Besatzung:	unbekannt

GPS:	N 27° 34,644´ E 33° 55,391´
Ort:	Shab Abu Nuhas , Ägypten
Maximale Tiefe:	27 Meter
Minimale Tiefe:	5 Meter
Strömungen:	Teilweise starke Strömungen, die ein Tauchen am Wrack unmöglich machen.
Sicht:	gut
Schwierigkeiten:	Wie die anderen Wracks am Shab Abu Nuhas liegt die Gannis D an der dem Wind zugewandten Nordseite. Bei starkem Wind ist das Tauchen nur möglich, wenn unter Wasser um das Shab Abu Nuhas bis in den Windschatten zurückgetaucht wird. Brücke, Aufbauten und der Maschinenraum sind zwar relativ einfach zu betauchen, es sollte jedoch stets ein ortserfahrener Tauchguide die Gruppe führen.
Stapellauf:	1969
Bauwerft:	Kurushima Dock Company, Imabari, Japan
Bau-Nummer:	471
Flagge:	griechisch
Reederei:	Linea Blanca Compania Naviera S.A. (Betreiber: Dumarc Shipping & Trading Corporation, Piräus)
Länge über alles:	99,5 Meter

Passagiere:	keine
Verluste:	keine
Ladung:	Tropische Edelhölzer, vor allem Teak und Mahagoni
Letzte Fahrt:	Rijeka nach Hodeidah im Jemen
Gesunken:	19.4.1983, ca. 6 Wochen später zerbrochen und in der Folgezeit komplett gesunken.
Ursache:	Bei ruhiger See den falschen Kurs abgesetzt und auf das Shab Abu Nuhas aufgelaufen.

Das jüngste Opfer des Shab Abu Nuhas liegt an der Nordwestseite des Riffs. An der Ausfahrt des Golf von Suez, nur wenige Meilen vor der Insel Shadwan bildet das Riff seit jeher eine tückische Barriere für Schiffe beim Verlassen des Golfs. Bereits vor einhundert Jahren scheiterte die Carnatic an dem bis unmittelbar unter die Wasseroberfläche ragenden Korallengestein. Bei ruhiger See ist das Hindernis somit nicht zu sehen. Die moderne Schiffahrt wird erst seit einigen Jahren durch eine Leuchtbake mit Radarreflektor sowie die Bugspitze der Kimon M auf dem Riffdach gewarnt.
Auch am Vormittag des 19.4.1983 herrschte ruhige See.

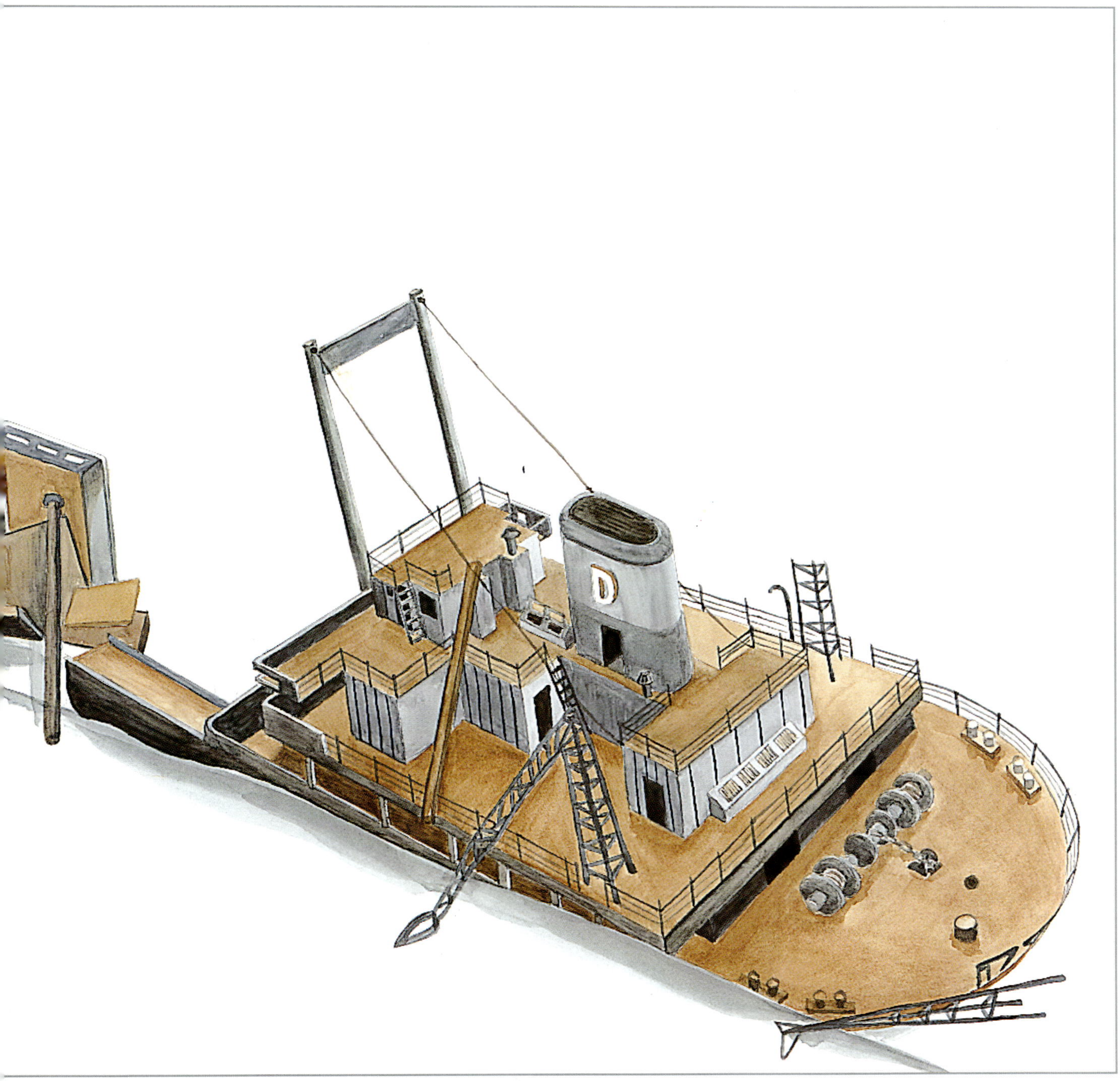

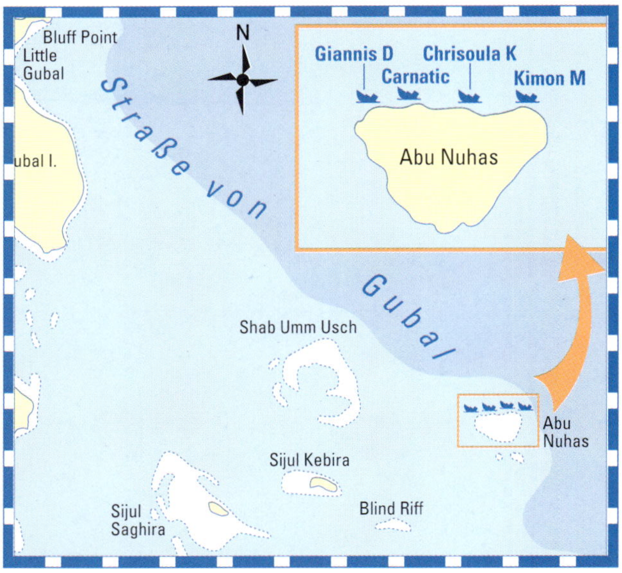

Aus der Entfernung betrachtet läßt sich ein guter Überblick über das Heck des Holzfrachters gewinnen

Das Riff war nur schwer zu erkennen. Die unter griechischer Flagge laufende Giannis D der Dumarc Shipping & Trading Corporation befand sich auf ihren Weg vom heutigen kroatischen Rijeka nach Hodeidah im Jemen. Das Schiff mit seinen zwei Schrauben lief 1969 als Shoyo Maru in Imabarin in Japan vom Stapel. Sechs Jahre später wird der Massengutfrachter nach Griechenland verkauft und zunächst in Markos umbenannt. 1980 wechselt es abermals den Besitzer und gehört fortan der Linea Blanca Compania Naviera S.A.. Die neue Betreiberreederei in Piräus ist die Dumarc Shipping & Trading Corporation, die das Schiff in Giannis D umtauft.

Nach Verlassen des Suezkanal steuert das mit tropischen Edelhölzern beladene Schiff nach der Passage von Little Gubal zielstrebig auf die östliche Spitze der Insel Shadwan zu. Elegant durchschneidet der Bug das Wasser, während die Besatzung auf der Brücke den Kurswechsel in Höhe des Leuchtfeuers auf der noch nicht einsehbaren Ostseite der großen Insel vorbereitet. Viel zu spät fällt bei diesen Kursberechnungen der leichte Kursversatz nach Westen auf. Als man den fatalen Fehler endeckt, ist es zu spät. Auch die Doppelschrauben, die die Giannis D zu einem äußerst manövrierfähigen Schiff machen, können das Schicksal nicht mehr abwenden. Die Kollision mit dem Shab Abu Nuhas ist heftig und fügt dem griechischen Frachter tödliche Schäden zu. Das harte Korallengestein reißt nahezu die gesamte Backbordseite auf.

Auf dem Riffdach liegend, besteht für das 99 Meter lange Schiff keine Chance mehr freizukommen. Ein aus Hurghada passierendes Tauchboot bietet der Besatzung Hilfe an. Sie ist jedoch noch davon überzeugt den Havaristen retten zu können. Als sich die Laderäume innerhalb kürzester Zeit mit Wasser füllen, gibt die Mannschaft schließlich auf und rettet sich zur Insel Shadwan. Die nächsten Wochen hält sich das verlassene Schiff am Riff fest. Die Frühjahrsstürme zerschlagen es jedoch. Bis auf den Bug, der noch längere Zeit auf dem Riffdach liegt, sinkt die Giannis D innerhalb von 2 Monaten.

Die Ladung des Schiffes sorgt in den folgenden Jahren für den nötigen Nachschub in der einheimischen Holzindustrie. Ein Großteil der tropischen Edelhölzer, die in den Laderäumen verstaut waren, löste sich beim Untergang und wurde an den Stränden der Insel Shadwan angespült. Da lediglich der Gouverneur der Region über den Wert der Ladung informiert war, schrieb er eine Prämie für die Bergung des Holzes aus. So wurde durch die Fischer aus Hurghada in wenigen Tagen auch der letzte Balken an den Stränden der Insel Shadwan geborgen. Noch heute ist eine Vielzahl von Tauchbooten aus Hurghada aus der Ladung der Giannis D erbaut.

Deutlich ist das „D" der Dumarc Shipping am Schornstein zu erkennen. Unmittelbar dahinter liegen die offenen Luken zum Maschinenraum

Der Holzfrachter, wie das Wrack auch in Taucherkreisen heißt, ist in drei große Abschnitte zerbrochen. Am beeindruckensten ist das intakte Achterschiff mit seinen Brückenaufbauten und dem Ansatz des hinteren Laderaumes. Um den grandiosen Blick auf das um 50 Grad nach backbord geneigte Achterschiff zu genießen, sollte man seine Flossenschläge zunächst in das rückwärtige Freiwasser lenken, um sich einen Gesamtüberblick zu verschaffen. Unterstrichen wird dieses Schauspiel besonders zur Mittagszeit, wenn die Sonne das Wrack von der Steuerbordseite aus beleuchtet. Der Rumpf ist zum Teil im Sand vergraben und lediglich die Schraube auf der Steuerbordseite ragt aus dem Sand herraus. Bedingt durch die längere Lage auf dem Riff und den Untergang, sind die drei sichtbaren Propellerblätter völlig verbogen. Die Aufbauten und die ins freie Wasser ragenden Masten lassen die Giannis D als Geisterschiff erscheinen. Die Reling, die Aufgänge und das Gestell, das einst ein großes Sonnensegel stützte, sind unversehrt. Auf dem Achterdeck dominieren Poller und Winschen das Bild. Auf dem Schornstein prangt unübersehbar das D für Dumarc. Unmittelbar vor dem Schornstein finden sich die geöffneten Luken, die in den Maschinenraum führen.

Ein Betauchen der Innenräume der Giannis D ist ein Erlebnis der besonderen Art. Durch die Schieflage geht die gewohnte räumliche Orientierung vollkommen verloren. Schräge Wände und Böden und waagerecht verlaufende Treppen erschweren die Orientierung erheblich. So gelangt man innerhalb der Aufbauten nicht durch Auf- oder Abtauchen von einem Deck zum nächsten, sondern durch Quertauchen! Brücke und Kajüten sind völlig ausgeräumt und bieten Souvenirjägern lediglich kahle Stahlwände und einige Bodenfliesen. Die Orientierung innerhalb des Wracks bereitet in der Regel keinerlei Schwierigkeiten. Durch offene Luken, Bullaugen und Niedergänge fällt ständig genügend Licht ein. Dennoch sollten die Innenräume nur mit einem erfahrenen Tauchguide erforscht werden. Das Kernstück des Achterschiffs bildet der Maschinenraum mit seiner sechzylindrigen Maschine, die mit ihren langen Reihen von Nockenarmen, Ventilfedern und Rohrleitungen nicht zu übersehen ist. Er kann entweder durch die offenen Luken vom Oberdeck aus erreicht werden oder durch eine Tür im Inneren des Schiffes. Er wird von Laufrosten an den Außenwänden in einzelne Stockwerke unterteilt. Auf der Backbordseite des Maschinenraums liegt die Werkstatt. Unter keinen

Gegenlichtperspektive: wunderschön mit Korallen bewachsen sind die Aufbauten am Heck

Umständen sollte in der Luftglocke, die sich bedingt durch die Ausatemluft der Taucher am höchsten Punkt des Maschinenraums gebildet hat, aufgetaucht werden. Zum einen schwimmen auf der Wasseroberfläche die Überreste von Öl und anderen Flüssigkeiten, zum andern ist aus diesem Grund die Luft nicht zum Einatmen geeignet.

Das Mittschiff bildet ein riesiges Trümmerfeld. Es erstreckt sich vom Achterschiff in Verlängerung der Kiellinie zum Bug. Die Frühjahrsstürme leisteten hier ganze Arbeit und zerschlugen diesen Abschnitt nahezu komplett als die Giannis D auf dem Riff lag. In einer Tiefe zwischen 15 und 20 Metern bedeckt ein Durcheinander aus Schiffswänden, Ladeluken, Leitungen sowie Mahagoni- und Teakbalken den sandigen Grund. Wie herausgetrennt wirkt in diesem Chaos der intakte Schiffsabschnitt mit dem mittleren Lademast. Geschäftig weiden Papageienfische die Wrackteile ab. Gelegentlich patroulliert ein Napoleon in diesem für Taucher eher uninteressanten Teil.

Sehenswert ist in jedem Fall der intakte Bug. Auf der Backbordseite liegend, befindet er sich in einer Tiefe von 10 bis 18 Metern auf dem hier aufsteigenden Riff. Der vordere Lademast ragt parallel zum Untergrund ins offene Wasser. Die vom Lademast auf das Deck ziehenden Taue sind zur Heimat zahlloser Weichkorallen geworden. Wie Girlanden verzieren sie diesen Teil des Wracks. Zwischen den mit Weichkorallen überzogenen Winschen tummelt sich das Leben. Glasfische füllen nahezu jede Spalte des Schiffes, Falterfische kreisen unbekümmert umher und dazwischen gleiten Juwelen-Zackenbarsche elegant von einem Unterschlupf zum nächsten. Unterhalb der Reling an der Steuerbordseite läßt sich der frühere aufgeschweißte Schiffsname Markos erkennen. Durch die Ankerklüse windet sich die gewaltige Kette auf das Riffdach. Folgt man ihr, so kann der mächtige Anker, der das Schiff vermutlich auf dem Riffdach halten sollte, in 5 Meter Tiefe auf dem Riffdach bewundert werden.

Die Steuerbordschraube ist durch die Kollision mit dem Riff stark verbogen (oben)

Kraft ohne Ende : Die Sechzylindermaschine mit ihren 3.000 PS

14. Carnatic

GPS:	N 27° 34,751` E 33° 55,570`
Ort:	Shab Abu Nuhas, Ägypten
Maximale Tiefe:	27 Meter
Minimale Tiefe:	19 Meter
Strömungen:	selten
	Sicht: Am besten in den frühen Morgenstunden
Schwierigkeiten:	Bei starkem Nordwind ist aufgrund des damit verbundenen Seegangs ein Tauchgang an der Carnatic unmöglich. Das faszinierende Wrack läßt schnell Tiefe und Zeit vergessen, so daß aus dem Wracktauchgang unverhofft ein Dekotauchgang wird!
Gebaut:	unbekannt
Stapellauf:	8.12.1862
Bauwerft:	Samuda Brother
Bau-Nummer:	unbekannt
Flagge:	britisch
Reederei:	Peninsular & Oriental Steam Navigation Company
Länge über alles:	89 Meter
Breite:	13 Meter
Seitenhöhe:	9 Meter
Tiefgang:	5,3 Meter
Tragfähigkeit:	1776 Tonnen
Vermessung:	unbekannt
Antrieb:	Dampfsegler mit 2 Hauptmasten, Dampfmaschine der Firma Humphrys & Tennat in Deptford
Leistung:	1.870 PS
Geschwindigkeit:	ca. 12 Knoten
Kapitän:	P.B. Jones
Besatzung:	30
Passagiere:	vermutlich 200
Verluste:	27
Ladung:	Postschiff mit Münzgeld im Wert von 40.000 englischen Pfund
Letzte Fahrt:	Von Suez nach Bombay
Gesunken:	Aufgelaufen am 13.9.1869, gesunken am 15.9.1869
Ursache:	Bei ruhiger See den falschen Kurs abgesetzt und auf das Shab Abu Nuhas aufgelaufen

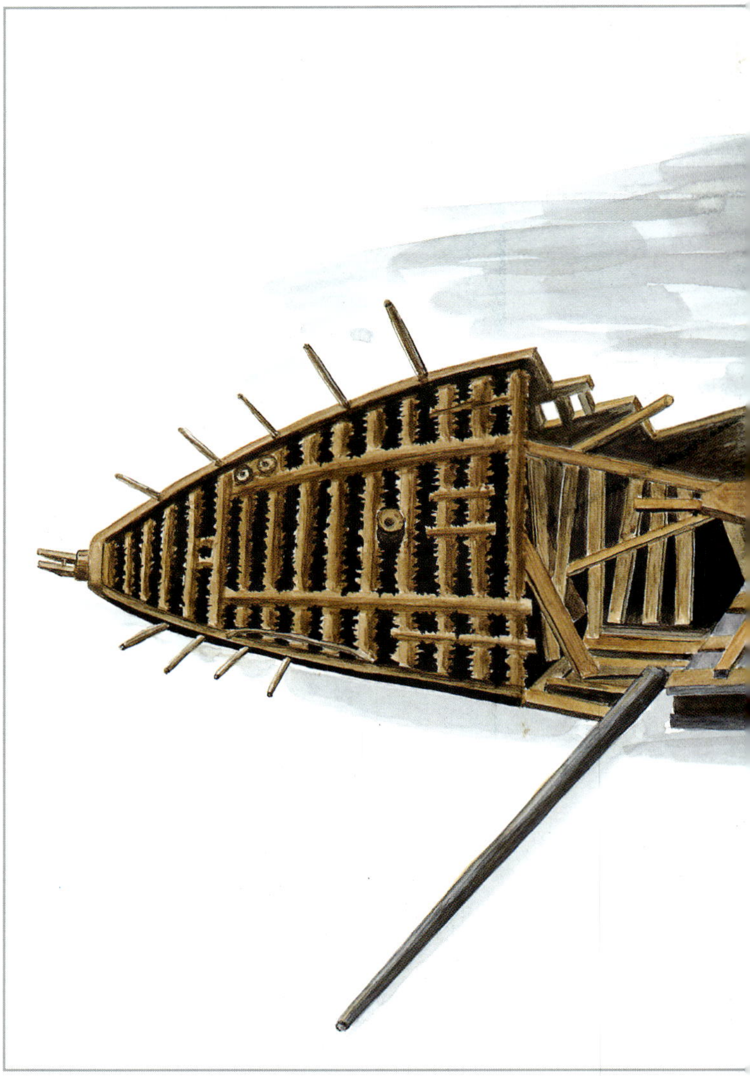

Unmittelbar nach der Kiellegung wird der Dampfsegler Mysore in Carnatic umbenannt. Der 89 Meter lange und 13 Meter breite Zwitter mit seiner vierzylindrigen Dampfmaschine bildete einen erheblichen Fortschritt im Schiffbau in der Mitte des letzten Jahrhunderts. Zwar lief der schlanke, aus einer genieteten Eisenkonstruktion bestehende Rumpf unter Segeln wesentlich schneller, aber die 1.870 PS starke Dampfmaschine machte ihn unabhänig von der Windrichtung. Diese Eigenschaften prädestinierten das Schiff für den Linienverkehr. Unabhängig von den Witterungsbedingungen und mit einer stetigen Geschwindigkeit wurde die Carnatic für die Beförderung von Passagieren, Post und Fracht von ihrer Reederei, der Peninsular & Oriental Steam Navigation Company, eingesetzt. Ihre Jungfernfahrt am 27. 4. 1863 führte zunächst von Southampton nach Alexandria. Für die Distanz von Southampton nach Sri Lanka benötigte die schnelle Carnatic um das Kap der Guten Hoffnung lediglich 49 Tage. Später wurde sie ins Rote Meer verlegt, um auf der Route Suez-Bombay zu verkehren. Zwei Monate vor der Eröffnung des Suezkanals ist das Postschiff in Suez für die Fahrt nach Indien beladen worden. Die Fracht war mit der Ventian, einem Dampfschiff aus Liverpool, gekommen. Über die Anzahl der Menschen an Bord gibt es unterschiedliche Quellenangaben. Während einige von 230 ausgehen, sprechen andere von deutlich weniger. Vermutlich gab es 22 Passagiere in der ersten Klasse und 12 in der zweiten Klasse. Darüber hinaus befand sich eine größere Anzahl von Angestellten der Reederei und britische Regierungsbeamte an Bord, die das Verlegen einer 525 Meilen langen Telegraphenleitung durch den persischen Golf überwachen sollten.

Am Sonntagabend, den 12.9.1869 gegen 22.00 Uhr verläßt die Carnatic den Hafen von Suez. Es ist eine ruhige Nacht ohne Wind und Seegang so daß das Schiff zügig vorankommt. Um 1.15 Uhr erschallt der Ruf der Wache: „Brecher vor dem Bug". Käptian P. B. Jones gibt unvermittelt den Befehl das Ruder hart nach links zu ziehen und die Maschine volle Kraft zurücklaufen zu lassen. Die Bauform der Carnatic wird ihr zum Verhängnis. Der lan-

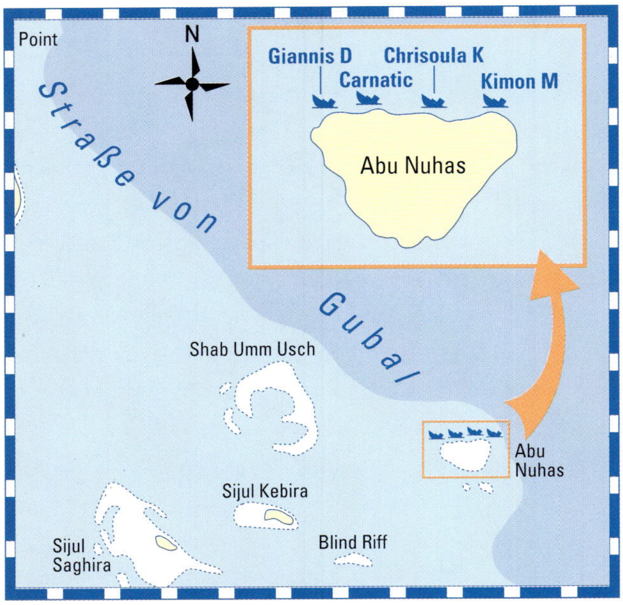

Die Stangen an der Bordwand im Vorschiff hielten einst das Sonnensegel

ge und schlanke Rumpf reagiert nur sehr zögernd auf das Ausweichmanöver. Viel zu langsam wandert der Bugspriet nach backbord. Nach drei unendlich lang erscheinenden Minuten läuft das Schiff auf eine vorstehende Unterwassernase des Shab Abu Nuhas auf. Knirschend schieben sich die vorderen Zweidrittel des Eisenrumpfes über das Korallengestein, bevor wieder Stille einkehrt. Panik kommt an Deck nicht auf. Bei Lampenschein wird der Schaden inspiziert. Im Bereich des festgekeilten Bugs beträgt die Wassertiefe ca. einen Meter, mittschiffs in Höhe des Maschinenraumes werden bereits 3 Meter Tiefe ausgelotet, während das Heck im freien Wasser schwimmt. Das Schiff hat vom Bug zum Heck eine geringe Schräglage und weist zudem eine leichte Schlagseite nach Steuerbord auf. P. B. Jones hofft auf Rettung durch die Sumatra, ein weiteres Schiff der P & O Reederei, das am kommenden Tag die Straße von Gubal passieren soll. An Bord geht das Leben seinen üblichen Gang; so werden zum Beispiel die Mahlzeiten weiterhin pünktlich serviert. Lediglich die vorderen Laderäume werden geleert. Gegen 17.30 spricht der Käpitan erstmalig zu seinen Passagieren. Er erläutert die Situation des Schiffes und schlägt die Bildung eines Komitees vor, das an den weiteren Entscheidungen teilnehmen soll. Es beschließt im Sinne von Jones, daß angesichts der Wetterlage eine Evakuierung nicht nötig erscheint, und daß das Eintreffen der Sumatra abzuwarten sei. In der Nacht spitzt sich die Lage jedoch zu. Der aufkommende Nordwind drückt das Schiff im Winkel gegen das Riff. Mit dem Einsetzen der Flut versinkt das Achterdeck bis zu den ersten Niedergängen in der unruhigen See. Gegen 2.00 Uhr morgens dringt Wasser in den Maschinenraum ein und löscht das Feuer im Kessel. Am Morgen des 15. September wird dem Kapitän klar, daß die Carnatic verloren ist. Um 10.30 Uhr werden die sieben Rettungsboote eilig zu Wasser gelassen und man versucht, die Passagiere so schnell wie möglich auf dem Riffdach des Shab Abu Nuhas in Sicherheit zu bringen. Gerade als die drei einzigen Frauen an Bord sowie ein kleines Mädchen mit dem ersten Boot ablegen, bricht um 10.50 der hintere Teil der Carnatic, bedingt durch das eingedrungene Wasser und geschwächt durch den Anprall der Wellen, ab. Durch den damit verbundenen Stoß richtet sich der vordere Schiffsteil, der zuvor mit Schlagseite nach steuerbord gelegen hat, auf und kippt komplett nach backbord über. Die an Deck verbliebenen Menschen werden ins Wasser geschleudert. In der aufgewühlten See vor dem Riff beginnt der Kampf ums nackte Überleben. Vier unbesetze Rettungsboote zerschellen unweit der Untergangsstelle in der Brandungszone des Riffs. Das Unglück fordert 27 Opfer, unter ihnen 16 Passagiere und 11 Besatzungsmitglieder. Während es einigen gelingt, sich in das ruhige, hüfttiefe Wasser auf dem Riff zu retten, klammern sich andere an den noch halb aus dem Wasser ragenden Fockmast. Zwei Stunden später kehren die verbliebenen drei Rettungsboote von der nahegelegenen Insel Shadwan zurück, wo sie die Frauen und das Kind sowie einige Vorräte abgeladen haben und retten die übrigen Schiffbrüchigen. Hier entzündet man die mitgebrachten Baumwollballen und feuert gegen 9.00 Uhr abends, als die Sumatra in Sicht kommt, die einzige Signalrakete ab, die wie durch ein Wunder von ihr bemerkt wird.

Lloyd´s, bei dem das Schiff versichert ist, organisiert unter der Leitung von Kapitän Henry D. Grant umgehend eine Bergungsaktion, bei der erstmalig auch Helmtaucher eingesetzt werden. Der englische Taucher Stephen Saffery ist der erste, der zum Wrack hinuntertaucht. Neben zwei Leichen, die er birgt gelingt es ihm auch, ins Postbüro vorzudringen. Innerhalb weniger Tage bringt er 32.000 der 40.000 Goldstücke, die laut Verzeichnis bei Lloyd´s an Bord existieren, an Land. Im Anschluß werden weitere Tauchgänge durch einheimische Taucher zur Carnatic unternommen. Nur mit einem um die Hüften geschlungenen Seil tauchen sie bis in 20 Meter Tiefe und ergreifen dort die 20 bis 35 Kilogramm schweren Kupferbarren, bevor sie zur Wasseroberfläche zurückgezogen werden. Auf diese Weise bergen sie 700 Barren, die einen Hauptteil der Ladung bilden, sowie die meisten Post-

Markant hebt sich das Heck mit seiner Schraube und der Ruderanlage auf dem sandigen Grund gegen das Riff ab

Die Fenster des Salons der ersten Klasse dominieren das Heck des Weinflaschenfrachters

säcke. Von den 8.000 Goldstücken fehlt allerdings bis zum heutigen Tag jede Spur.

In den folgenden Jahren gerät das Schiff und die Katastrophe seines Untergangs in Vergessenheit. Erst 1984 wird es durch Taucher wiederentdeckt. Der Zufallsfund zählt zur Sensation des Jahres. Den Hauptanteil der Fundstücke bilden zahllose, meist aus dickem grünlichen Glas bestehende Flaschen. Die teilweise geschwungenen, bauchigen Flaschen tragen verschiedene Herstellergravuren und Firmenprägungen. Die Soda-, Wein- und Champagnerflaschen, die, wie sich später herausstellt, für die Passagiere der ersten Klasse vorgesehen waren, trugen zum Namen Weinfrachter oder auch Flaschenwrack bei. Zu den Fundstücken der ersten Stunden zählen aber auch Gegenstände des alltäglichen Lebens wie Metall- und Glasknöpfe, unterschiedliche Kämme sowie Gürtelschnallen, die als Herstellerzeichen ein Sonnensymbol tragen. Hinzu kommen Messinglampen, große Handlaternen, Teile eines Silberservices, Teller aus Porzellan und andere Keramiken mit der Einprägung „Real Ironstone China". Die Funde sowie Porzellanstücke mit der Reedereiflagge identifizieren das Schiff nach mühseliger Recherche im National Maritime Museum in London als Carnatic.

Heute liegt der Rumpf nahezu parallel zum Shab Abu Nuhas. Das in drei Teile zerbrochene Wrack ist seewärts geneigt und weist eine Schräglage von ca. 60 Grad auf. Das gesamte Schiff gleicht einem Gerippe, das aus den Spanten, Querträgern und den Überresten der drei Zwischendecks gebildet wird. Das einfallende Sonnenlicht sorgt im offenliegenden Inneren des Wracks für ein atemberaubendes Licht- und Schattenspiel und macht einen der wesentlichen Reize der alten Dame aus.

Beginnt man den Tauchgang am Bug, so fällt die markante Bugspitze als erstes ins Auge. Die weite, nach vorn gezogene Spitze wird durch einen leeren Führungsring dominiert. Er hielt einst den aus dem Schiffsinneren kommenden Bugspriet. Vermutlich wurde er, wie die Galionsfigur, bei der ersten Bergung 1869 entfernt. Unmittelbar dahinter liegt die gewaltige Ankerwinde. Von hier aus weist eine mächtige Ankerkette nach vorn zur Ankerklüse, von wo aus sie über die Winde zur anderen Seite und dann zum Grund hinabfällt. An das Vorschiff schließt sich das weitestgehend zerstörte Mittschiff an. Schwer lassen sich zwischen dem Chaos aus Stahlplatten und Rohrleitungsresten Details erkennen. Nur die üppig bewachsenen Überreste der Tandem-Verbunddampfmaschine sowie der Kessel sind identifizierbar. Auch lassen sich in dem Gewirr die Reste des Schornsteins und einiger Festmacherpoller erspähen. Unmittelbar neben dem Schornstein erhebt sich auf dem Stahlträger eines Davits eine riesige Tischkoralle. Querab von diesem Chaos aus Eisenteilen liegen der Hauptmast sowie der Fockmast am Ende der Bugsektion. Steuerbords auf der dem Riff zugewandten Seite liegen einige Bleiplatten herum, deren Bestimmung unbekannt ist. Auch im sich anschließenden Heckteil ist die einstige Deckbeplankung weggefault und ermöglicht ein unbeschwertes Betauchen des Schiffsinneren. Der Boden ist mit feinem Sediment bedeckt, unter dem sich Überreste von Glasscherben verbergen. Die meisten Flaschen und anderen Artefakte sind längst aus dem Bauch der Carnatic geborgen worden. An der Steuerbordseite ragen zwei Davits ins offene Wasser. Achtern imponiert die Fensterreihe des Salons der ersten Klasse. Das gewaltige Ruderblatt und die dreiblättrige Schraube dominieren das Heck des Weinfrachters.

In den Führungsringen steckte der Bugmast mit der Galionsfigur.

Impressionen in der ehemaligen ersten Klasse. Die hölzernen Zwischendecks sind vollkommen verschwunden

Der lang ausladende Bug ist eines der Merkmale dieses Schiffes

Das verbliebene Gerippe aus Spanten und Trägern in der Bugsektion schafft eine einmalige Kulisse (rechte Seite oben)

Längst siedeln Hart- und Weichkorallen auf dem ehemaligen Deck (rechte Seite unten)

Auf der offenen Sandfläche vor dem Abu Nuhas liegend ist die Carnatic inzwischen zu einer Oase in der Wüste geworden. Über und über mit Schwämmen, Weichkorallen, Anemonen und Steinkorallen bewachsen stellt sie einen eigenen Lebensraum dar. Der Rumpf bietet zahlreichen Glasfischen Schutz. Kapitale Barsche gleiten gemächlich durch die Säulenhalle dahin und zwischen den Wrackteilen haben sich Muränen eingemietet. Flora und Fauna und das Wissen über den tragischen Untergang bilden heute den eigentlichen Reiz eines Wrachtauchgangs an der Carnatic, auch wenn einige vielleicht immer noch darauf hoffen, die verschwundenen Goldmünzen zu finden.

15. Chrisoula K

Tragfähigkeit:	5.955 Tonnen
Vermessung:	3.807 BRT
Antrieb:	2-Takt MAN-Dieselmotor Typ G9Z 52/90 mit Nachladung
Leistung:	1x 2.700 PS/136 rpm
Geschwindigkeit:	13,5 Knoten
Kapitän:	unbekannt
Besatzung:	unbekannt
Passagiere:	max. 6
Verluste:	keine
Ladung:	Bodenfliesen
Letzte Fahrt:	Von Italien nach Jeddah
Gesunken:	30.8.1981, einige Wochen später zerbrochen und untergegangen
Ursache:	Navigationsfehler

GPS:	N 27° 34.836` E 33° 55.724`
Ort:	Shab Abu Nuhas
Maximale Tiefe:	24 Meter
Minimale Tiefe:	2 Meter
Strömungen:	selten
Sicht:	Die besten Sichtverhältnisse bieten sich in den frühen Morgenstunden. Die besseren Lichtverhältnisse am Nachmittag sind zumeist mit mehr Trübstoffen verbunden.
Schwierigkeiten:	Bei starkem Wind ist das Tauchen am Wrack unmöglich. Der Wellentunnel sollte unter keinen Umständen betaucht werden.
Stapellauf:	16.12.1953
Bauwerft:	Orenstein & Koppel, Lübecker Maschinenbau Gesellschaft
Bau-Nummer:	467
Flagge:	griechisch
Reederei:	Clarion Marine Co.S.A., Piraeus
Länge über alles:	101,05 Meter
Breite:	14,84 Meter
Seitenhöhe:	9,00 Meter
Tiefgang:	7,27 Meter

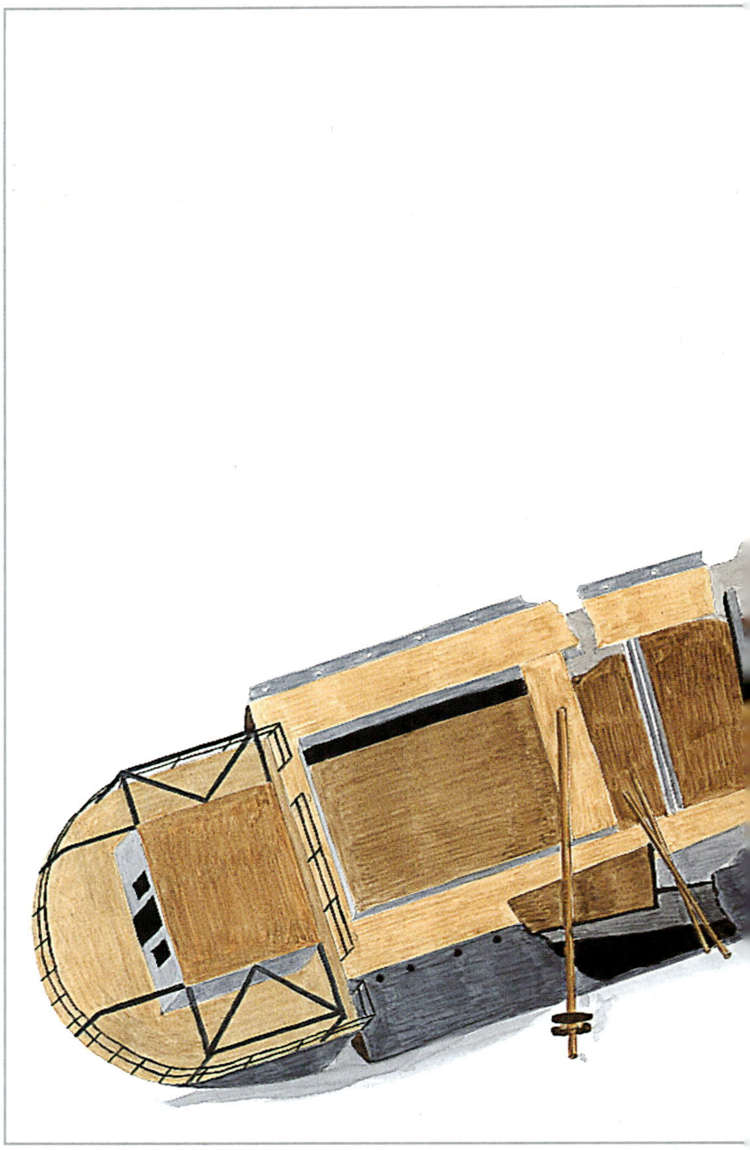

Die Chrisoula K gehört seit Jahren zum festen Bestandteil einer Wracktour am Abu Nuhas. In Taucherkreisen ist das 1981 gesunkene Schiff allerdings mehr unter dem Namen der Ladung seiner letzten Fahrt bekannt. Die 3700 Tonnen italienischer Bodenfliesen, die dem Wrack seinen Beinamen Fliesenfrachter gaben, liegen noch heute in den Laderäumen. Daß diese nicht besonders hoch in der Gunst von Bergungsunternehmen standen, begründet sich vor allem durch zwei wesentliche Tatsachen. Zum einen handelt es sich um unansehnliche Standardfliesen mit dunklen Graniteinschlüssen, wie sie in Industrieräumen vorkommen, deren Form und Farbe wohl kaum zu begehrtem Interieur gehören. Zum zweiten führte das Salzwasser, das nach der Havarie eindrang, dazu, daß die Fliesen in kürzester Zeit unbrauchbar wurden.

Die Chrisoula K befand sich von Gallipoli am Golf von Tarent in Italien kommend auf dem Weg ins saudiarabische Jeddah. Ihr Schicksal ereilte sie am 30.8.1981 als sie, vermutlich aufgrund eines Navigationsfehlers, auf das Shab Abu Nuhas auflief. Ihr Bug rammte sich tief in das Riff. Nachdem die Besatzung einige Zeit gehofft hatte das Schiff retten zu können, wurde es schließlich aufgegeben. Noch ein paar Wochen kämpfte die Chrisoula K gegen das Meer, bevor es sie verschlang. Lediglich der Bug ragte noch fünf Jahre aus dem Wasser, dann verlor auch er den Kampf.

Das ca. 100 Meter lange Schiff läßt sich bequem in einem Tauchgang erkunden. Am günstigsten startet man seine Entdeckungsreise am Heck. In 24 Meter Tiefe ragt die gewaltige vierblättrige Schraube und das Ruder ins offene Wasser. Sie bilden zugleich den tiefsten Punkt des Wracks. Das gesamte Achterschiff ist um ca. 30 Grad nach steuerbord geneigt. Die flachen Aufbauten sowie die Reling und die leeren Davits der Rettungsboote sind gut erhalten. Durch eine offene Tür ist es möglich, in das Inne-

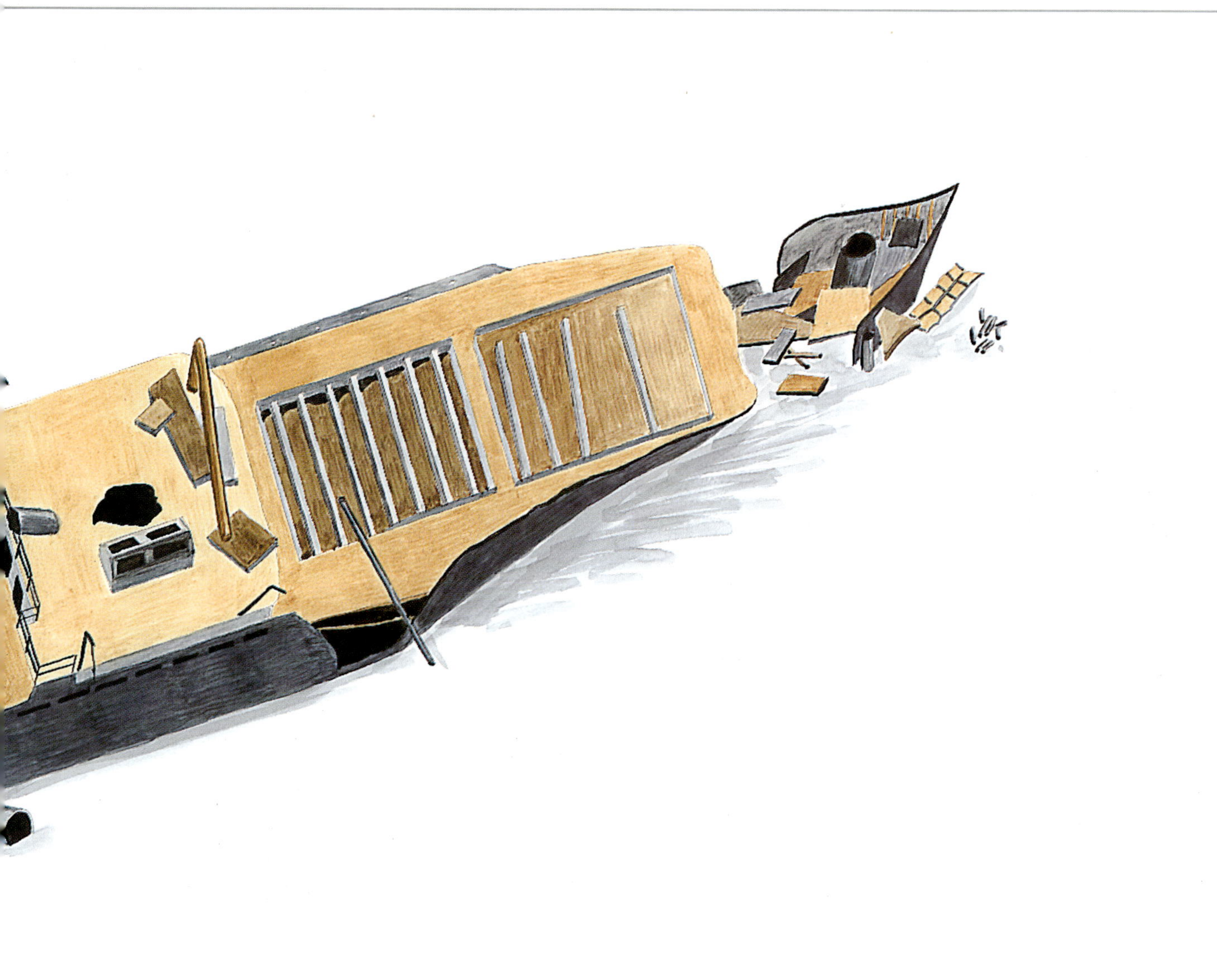

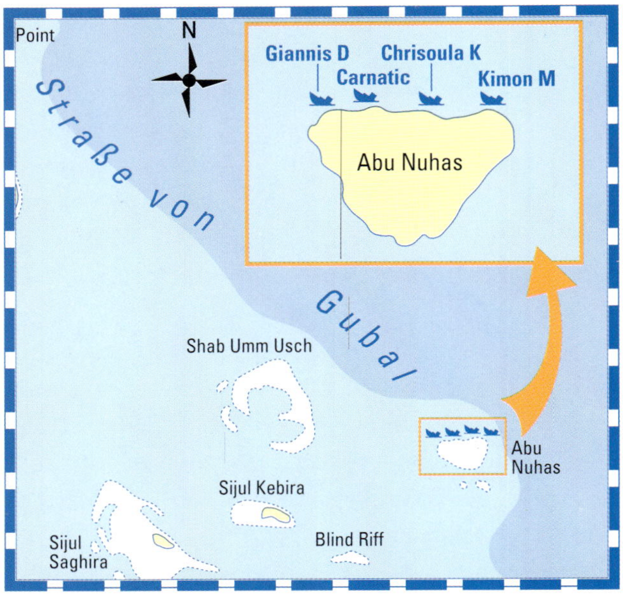

re der hinteren Aufbauten zu gelangen. Außer einem alten Feuerlöscher und angegammelten Stühlen ist hier jedoch nichts zu sehen. In Richtung Bug folgt der letzte der insgesamt drei Laderäume. So wie der zweite, besteht er aus zwei Einheiten, zwischen denen sich an Deck ein Mast, kleinere Aufbauten und einige Winden befinden. Durch diese Unterteilung scheint das Schiff über fünf Laderäume zu verfügen, die im weiteren auch so beschrieben werden. Im fünften und letzten Laderaum herrscht ein heilloses Durcheinander. Der Schiffsrumpf ist in diesem Abschnitt stark verdreht und vor allem auf der Backbordseite schwer beschädigt. Die Ladung ist völlig verrutscht und liegt kreuz und quer herum. In dieser Höhe ragt auf der Steuerbordseite ein Mast mit seinen Ladebäumen ins offene Wasser. Im Gegensatz zum fünften scheint im vierten Laderaum die Welt in Ordnung zu sein. Sorgfältig übereinandergestapelt finden sich hier Fliesenpakete als seien sie erst gestern eingeladen worden. Zwischen dem vierten und dem dritten Laderaum liegen die Aufbauten. Von der ursprünglichen Konstruktion der Brücke ist nichts mehr übrig. In den einstöckigen Resten der Aufbauten lassen sich die Überbleibsel der Küche inspizieren. Durch zwei Oberlichter führt der Rundgang in den Maschinenraum. Er zählt zu den interessantesten Abschnitten des Wracks. Rohre, Leitungen und das Licht- und Schattenspiel in Kombination mit einem großen Schwarm von Glasbarschen stellen den besonderen Reiz des oberen Teils dar. Der untere Abschnitt sollte nur von erfahrenen Wracktauchern besucht werden. Backbords führt eine Stiege am Kessel vorbei nach unten. Generatoren, Hilfsdiesel und diverse Schalttafeln lassen sich in einem Rundgang erkunden. Heckwärts gerichtet beginnt hier der Wellentunnel, der sich unter den Laderäumen hindurch bis zum Heck des Schiffes zieht. Aufgrund der räumlichen Enge, hervorstehender Metallteile sowie den durch aufsteigende Luftblasen herunterrieselnden Rostpartikeln, die die Sicht innerhalb von Sekunden auf Null sinken lassen, sollte von einer Erkundung in jedem Fall Abstand genommen werden. Im oberen Abschnitt des Maschinenraums führt backbords hinter einer Tür ein Gang in die Werkstatt. Neben Werkbänken und einer Drehbank zählen eine Doppelschleifmaschine und eine Ständerbohrmaschine zu den Hauptattraktionen. Am

Der Einstieg in den Maschinenraum ist durch das zerstörte Dach problemlos möglich

Tonnenweise stapeln sich die Bodenfliesen in den Laderäumen der Chrisoula K

Boden befinden sich nicht zu identifizierende Werkzeugteile. In Richtung Bug führt ein Gang zum dritten Laderaum. Auf der Höhe des Maschinenraumes liegt steuerbord querab der Schornstein des Schiffes. Auch die sich in Richtung Bug anschließenden Laderäume zwei und drei sind mit Fliesen vollgestapelt. Die Steuerbordseite des zweiten Laderaumes ist nahezu vollständig zerstört. Die Trümmer ziehen sich über den Grund zum steil aufragenden Riff. Vor dem zweiten Laderaum findet sich erneut ein umgestürzter Mast mit seinen Ladebäumen. Unmittelbar unter der Oberfläche und nur bei spiegelglatter See zu betauchen ist der Bug und der erheblich zerstörte erste Laderaum. Wie die Stacheln eines Igel stechen die eingeklemmten Industriegasflaschen der Ladung aus diesem Chaos hervor. Der Kettenkasten ist teilweise aufgebrochen und die wuchtigen Ankerketten sind inzwischen zu rostigen Haufen verbacken. Die Kerbe, die die Chrisoula K ins Shab Abu Nuhas riß, erobert die Natur inzwischen zurück. Die Stahlplatten und übrigen Schiffsteile sind mit Steinkorallen überzogen, so daß es zum Teil schwerfällt, den Unterschied zwischen Wrack und Riff zu erkennen.

16. Kimon M

GPS	N 27° 34.867`   E 33° 55.762`
Ort:	Shab Abu Nuhas, Ägypten
Maximale Tiefe:	31 Meter
Minimale Tiefe:	12 Meter
Strömungen:	Mäßige Strömungen
Sicht:	Zumeist gut. Am besten in den frühen Morgenstunden. In den Nachmittagsstunden sind die Lichtverhältnisse besser, dafür ist es häufiger trübe.
Schwierigkeiten:	Das Wrack sowie die Laderäume und der Maschinen raum sind mit einer starken Lampe ohne Probleme zu betauchen. Insgesamt scheint das Wrack jedoch noch nicht seine endgültige Lage gefunden zu haben und sollte wegen der Instabilität bei schwerem Seegang nicht betaucht werden.
Stapellauf:	August 1952
Bauwerft:	H.C. Stülcken & Sohn Hamburg
Bau-Nummer:	770
Flagge:	Panama
Reederei:	Janissios Shipping Co. S.A.; Panama
Länge über alles:	106,43 Meter
Breite:	14,7 Meter
Seitenhöhe:	9,8 Meter
Tiefgang:	6,75 Meter
Tragfähigkeit:	5.080 Tonnen
Vermessung:	3.714 BRT
Antrieb:	2x8 Zylinder Diesel auf eine Welle gekoppelt
Leistung:	2.940 PS
Geschwindigkeit:	13 Knoten
Kapitän:	unbekannt
Besatzung:	unbekannt
Passagiere:	keine
Verluste:	keine
Ladung:	4500 Tonnen Linsen
Letzte Fahrt:	Von Iskender in der Türkei nach Bombay
Gesunken:	12.12.1987
Ursache:	Vom Kurs abgekommen und mit einem unbekannten Wrack am Shab Abu Nuhas kollidiert.

Von den vier bekannten Wracks, die heute am Abu Nuhas liegen, ist die Kimon M das am wenigsten bekannte. Wurde sie in der ersten englischen Ausgabe des Red Sea Divers Guide über die Straße von Gubal noch als Unknown Wrack bezeichnet, so heißt sie in Taucherkreisen aufgrund der Ladung schon lange Linsenfrachter. Irgendwann tauchte der Name „Sea Star" in einer Tauchzeitschrift auf. Hiernach handelt es sich bei dem über 100 Meter langen Frachter um ein aus dem Libanon stammendes Schiff, das 1976 von Suez aus kommend auf das Riff auflief und sank. Abgerundet mit dem Kapitänsnamen Tassos Adrianopulos kursierte die Geschichte jahrelang durch die Taucherwelt. Erst intensive Recherchen beim Britischen Hydrographischen Institut und in Lloyds-Unterlagen lenkten die Suche nach Hamburg. Ein Vergleich des Wracks mit den Bauplänen der Hamburger Werft H.C. Stülcken & Sohn brachten die Wahrheit über das zuletzt als Kimon M fahrende Schiff ans Licht.

Der Frachter mit seinen vier Laderäumen und einer zweimal Achtzylindermaschine auf einer Welle gekoppelt lief 1952 bei der Werft H.C. Stülcken & Sohn vom Stapel. Nur ein Jahr fuhr das Schiff bei der Willy Bruns GmbH

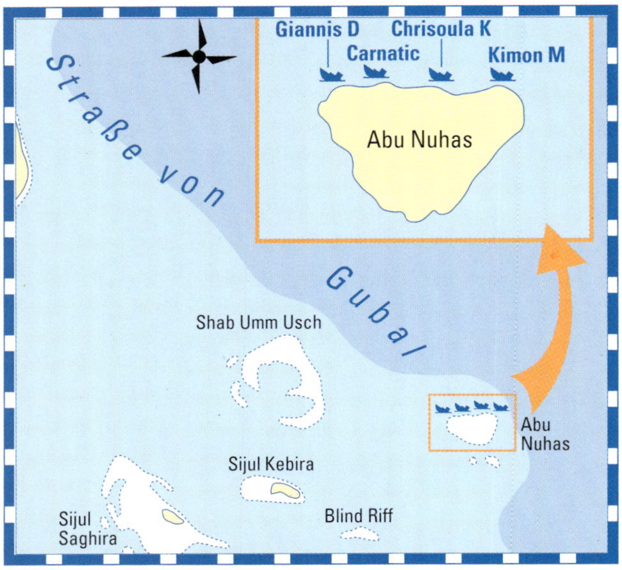

Problemlos sind obere Aufbauten und Brücke zu betauchen.

Hamburg unter dem Namen MF Brunsbüttel bis es 1953 auf den Namen Ciudad de Cucuta umbenannt wurde. 1964 erfolgte ein erneuter Wechsel und das Schiff hieß, bis es 1971 in Kimon umgetauft wurde, Angela. Die panamesische Reederei Janissios Shipping Co. S.A., die das Schiff bis zu seinem Untergang betrieb, benannte es in Kimon M um.

Die genaueren Umstände des Untergangs am 12.12.1978 sind bis heute immer noch nicht völlig geklärt. Fest steht, daß sich der Frachter auf der Fahrt von Iskender in der Türkei nach Bombay befand. In den Laderäumen stapelten sich in Säcken 4.500 Tonnen Linsen. Den Angaben zufolge rammte die Kimon M nicht das Abu Nuhas, sondern ein bis heute unbekanntes Wrack, das an dieser Stelle auf das Riff aufgelaufen war. Die Kollision kann nicht mit der nur 100 Meter entfernt liegenden Chrisoula K stattgefunden haben, weil diese erst 1981 auf das Abu Nuhas auflief. Die These eines unbekannten fünften Wracks wird unterstützt durch einen noch heute auf dem Riffdach liegenden Bug, der nicht zur Kimon M gehört. Vermutlich wurde das unbekannte Schiff durch die hohe Aufprallgeschwindigkeit zerrissen. Bei dem Zusammenstoß blieb die Bugsektion auf dem Riff liegen, während der Rest des Wracks in unbekannte Tiefen abrutschte. Die heftige Kollision beschädigte die Kimon M so stark, daß sie innerhalb kürzester Zeit sank. Das Heck verschwand zuerst und das Schiff legte sich auf die Steuerbordseite. Der vordere Teil des Rumpfes ragte noch einige Jahre aus dem Wasser bevor die anrollende See ihn völlig zerschlug.

Der Linsenfrachter wird von Gruppen nur selten betaucht. An der Nordostecke des Abu Nuhas gelegen bildet es den östlichen Abschluß am „Wrackriff". Obwohl das um 90° Grad auf die Steuerbordseite gekippte Wrack eine Attraktion für sich darstellt, rangieren die anderen drei Wracks auf den vorderen Plätzen der Beliebtheitsskala. Dabei hat das über 100 Meter lange Schiff so manches zu bieten. Wer wenig Luft verbraucht, ist in der Lage, einen Tauchgang an der Kimon M mit einem an der nur 100 Meter entfernt liegenden Chrisoula K zu verbinden, indem er parallel zur Riffkante von der Steuerbordseite der Kimon M nach Westen taucht.

Am günstigsten beginnt man seinen Tauchgang an der tiefsten Stelle in 30 Meter, wo sich die freiliegende Schraube und die Ruderanlage bestaunen lassen. Beide ragen unbeschädigt aus dem sandigen Grund hervor und bilden ein ideales Motiv für Gegenlichtaufnahmen. Von hier aus lenkt man seine Flossenschläge am günstigsten um das Heck herum zu den rückwärtigen Aufbauten. Die flachen Aufbauten, Davits, Winden und die intakte Reling sind nur spärlich bewachsen. Die engen Räume können zwar alle

Der große Hauptmast mit dem Kreuzbaum liegt auf der Steuerbordseite

betaucht werden, zu entdecken gibt es jedoch nichts. Mit nur wenig Bewuchs überzogen und ohne eine nennenswerte Anzahl von Fischen erweckt dieser gesamte Schiffsabschnitt einen gespenstischen Eindruck. Richtung mittschiffs folgen die Laderäume vier und drei. Die Ladeklappen sind, wie auch an den vorderen Räumen abgerissen und liegen steuerbords neben dem Wrack. Die Linsen, die hier lagerten wurden längst von den Riffbewohnern vertilgt und die Luken imponieren als große dunkle Kammern. Im vierten Laderaum befindet sich rechts zwischen verbogenen Stahlplatten und Eisenträgern eine große Ersatzschraube. Ungeklärt ist, ob der Bronzepropeller Bestandteil der Ladung war oder als Ersatz mitgeführt wurde. Zwischen den zwei Laderäumen ragt der hintere Mast mit Ladebaum ins offene Wasser. Im Gegensatz zum kahlen Heck sind sie mit farbenprächtigen Lederkorallen bewachsen. Der folgende dritte Laderaum hat wenig zu bieten. Ihm schließen sich die Mittschiffsaufbauten an. Von der Brücke ist kaum etwa übriggeblieben. Die riesigen Stahlplatten auf dem Meeresgrund lassen ihre Größe erahnen. Unmittelbar neben diesem Trümmerfeld findet sich der Schornstein der Kimon M. Bei genauerer Inspektion fällt auf, daß der gesamte Grund in diesem Bereich mit Wrackteilen unterschiedlichster Art übersäht ist. Neben Rohren, Gitterrosten, Seilen und anderen Gegenständen sind auch vereinzelte Glasflaschen zu sehen. Eine Gruppe von Fledermausfischen sowie einige kapitale Zackenbarsche halten sich hier im Freiwasser auf.

Der Ansatz des Schornsteins weist den Weg zum Maschinenraum der Kimon M. Er stellt den Höhepunkt der Besichtigung dar. Bedingt durch die 90° Grad Schräglage wird der Ausflug zu einem besonderen Erlebnis. Im Gegensatz zur Giannis D mit einer Schräglage von 45° Grad fällt die Orientierung nicht so schwer. Der Weg ins Innere führt durch das offene Oberlicht entlang der horizontal verlaufenden Treppen. Ein riesiger mal hektisch nach rechts, mal schnell nach links schwimmender Glasfischschwarm scheint dem Taucher den Zugang verwehren zu wollen. Vom Lüftungsdach aus kommend liegen hinter einigen Stahlträgern versteckt die beiden Achtzy-

Nahezu unbeschädigt blieben die große Schraube sowie die Ruderanlage

Etwas abseits findet sich der riesige Anker auf dem Riffdach

Für diese zwei Anemonenfische wurde die Brücke zur zweiten Heimat

linder-Schiffsdiesel. Im Unterschied zum sonst eher wenig korrodierten Rest des Maschinenraums sind die Zylinderköpfe stark verkrustet. In der verkehrt wirkenden Welt lassen sich Elektromotoren, Kreiselpumpen und Schaltkästen erkennen. Kreuz und quer verlaufen neben den parallel zur Maschine angebrachten Laufrosten Rohre und dicke Kabelbündel. Die Kulisse wird zum einen durch das seitlich einfallende Licht und zum anderen durch ein klaffendes Loch in der Backbordwand beleuchtet. Das bizarre Licht- und Schattenspiel sorgt für den nötigen Reiz dieses Trips. Zwischen den Maschinenraumteilen huschen große Papageienfische und Zackenbarsche im Scheinwerferlicht der Taucher davon. Sie scheinen sich nach der großen Freßorgie hier niedergelassen zu haben.

Der zweite Laderaum vor dem Maschinenraum bildet den Übergang zum inzwischen von den Naturgewalten zerstörten Vorschiff. Die Backbordwand sieht aus als wäre sie wie der Deckel einer Dose von einem Dosenöffner bearbeitet worden. Im leeren Laderaum halten sich neben anderen Fischen ein Pärchen zutraulicher Kaiserfische auf. Nach dem abrupten Abbruch des Schiffsrumpfes am Ende des zweiten Laderaums schließt sich ein breites Trümmerfeld an, das die gesamte, zunehmend steil aufragende Riffkante bedeckt. Mit geringer werdender Tiefe lassen sich immer schwerer Details identifizieren. Als wollte sich das Meer für die Zerstörungen entschuldigen, hat es die Wrackteile mit einem üppigen Bewuchs überzogen. Im Flachwasser sind die Übergänge von Wrack und Riff kaum mehr zu erkennen.

17. Minija

GPS:	N 27° 13,566` E 33° 50,815`
Ort:	Alter Hafen von Hurghada, Ägypten
Maximale Tiefe:	30 Meter
Minimale Tiefe:	19 Meter
Strömungen:	Sehr selten. Manchmal geringe Nord-Süd-Strömung.
Sicht:	Die Minija liegt im Hafen und somit beträgt die Sichtweite meist unter 15 Meter.
Schwierigkeiten:	Die durchschnittliche Tauchtiefe liegt bei 27 Meter. In der Regel wird hier ein sogenanntes Rechteckprofil getaucht. Da die Attraktionen des Wracks schnell Tiefe und Zeit vergessen lassen, handelt es sich meist um einen Dekompressionstauchgang. Ein Großteil der Munition ist noch scharf, also Finger weg!!
Stapellauf:	1955
Bauwerft:	Sowjetunion
Bau-Nummer:	unbekannt
Flagge:	Ägyptische Marine
Schiffstyp:	Hochseeminensucher, ehemalige sowjetische T-43 Klasse
Länge über alles:	58 Meter
Breite:	8,40 Meter
Seitenhöhe:	unbekannt
Tiefgang:	2,1 Meter
Tragfähigkeit:	unbekannt
Vermessung:	580 BRT
Antrieb:	2 Turbodiesel
Leistung:	2x 2200 PS, 2 Schrauben
Geschwindigkeit:	14 kn
Kapitän:	unbekannt
Besatzung:	65
Verluste:	unbekannt
Bewaffnung:	4 x 37 mm Kanonen, bewaffnungsfähig für zusätzlich 20 Minen
Letzte Fahrt:	Auf Reede vor Hurghada zur Verteidigung des Flughafens
Gesunken:	6.2.1970
Ursache:	Treffer an der Steuerbordseite durch die Bombe einer israelischen Mirage III

Langsam gleiten wir an der Ankerleine ins trübe Unbekannte. Bis zum jetzigen Zeitpunkt haben wir nur vom Wrack im Hafen von Hurghada gehört, gesehen hat es noch keiner von uns. In 20 Meter Tiefe zeichnen sich schemenhaft die Umrisse eines relativ großen Schiffskörpers ab. Er liegt mit starker Krängung um nahezu 100° geneigt auf der Backbordseite. Das Bild des Schiffes erscheint gespenstisch. In einer Tiefe von 30 Metern wirkt die Unterwasserlandschaft nahezu völlig abgestorben. Fische sind in dieser Einöde kaum auszumachen. Das Wrack selbst weist kaum Bewuchs auf. Unklar bleibt, ob dies auf das Schiffsmaterial zurückzuführen ist oder auf den nur einige hundert Meter entfernt liegenden Hafen. Wir beginnen unsere Tour am Bug. Der Steuerbordanker ist aufgezogen, wohingegen die Kette des Backbordankers sich über den Grund zu einem aufsteigenden Korallenriff zieht; ein Indiz dafür, daß das Schiff vor Anker lag als es sank. An der Bugspitze steuerbords, kurz hinter dem Ankerspill, findet sich ein riesiges Loch, das bis unter die Wasserlinie reicht. Die späteren Recherchen ergeben, daß es sich hierbei um das Resultat eines israelischen Luftangriffs durch eine Mirage III handelt. Die Wucht des Treffers bugseitig muß erheblich gewesen sein. Die Zerstörungen betreffen hier auch das Oberdeck. Im Vorschiff wurden Teile bis zur Achse, der Ankerspill sogar bis zum Kiel herausgerissen. Die durch die Explosion fortgeschleuderten Trümmer finden sich am Heck des Schiffs. Auf dem Weg zum Mittschiff imponiert im vorderen Viertel des Schiffes ein aluminiumfarbig glänzender eiförmiger Wulst, der von einer Gruppe von Seeigeln bewohnt wird. Hierbei handelt es sich um das einstige Bugsonar. Auffällig ist auch die flache Bauform des Kiels, ein Zeichen dafür, daß das Schiff für hohe Geschwindigkeiten und den Einsatz in flachen Gewässern gebaut wurde. In Richtung

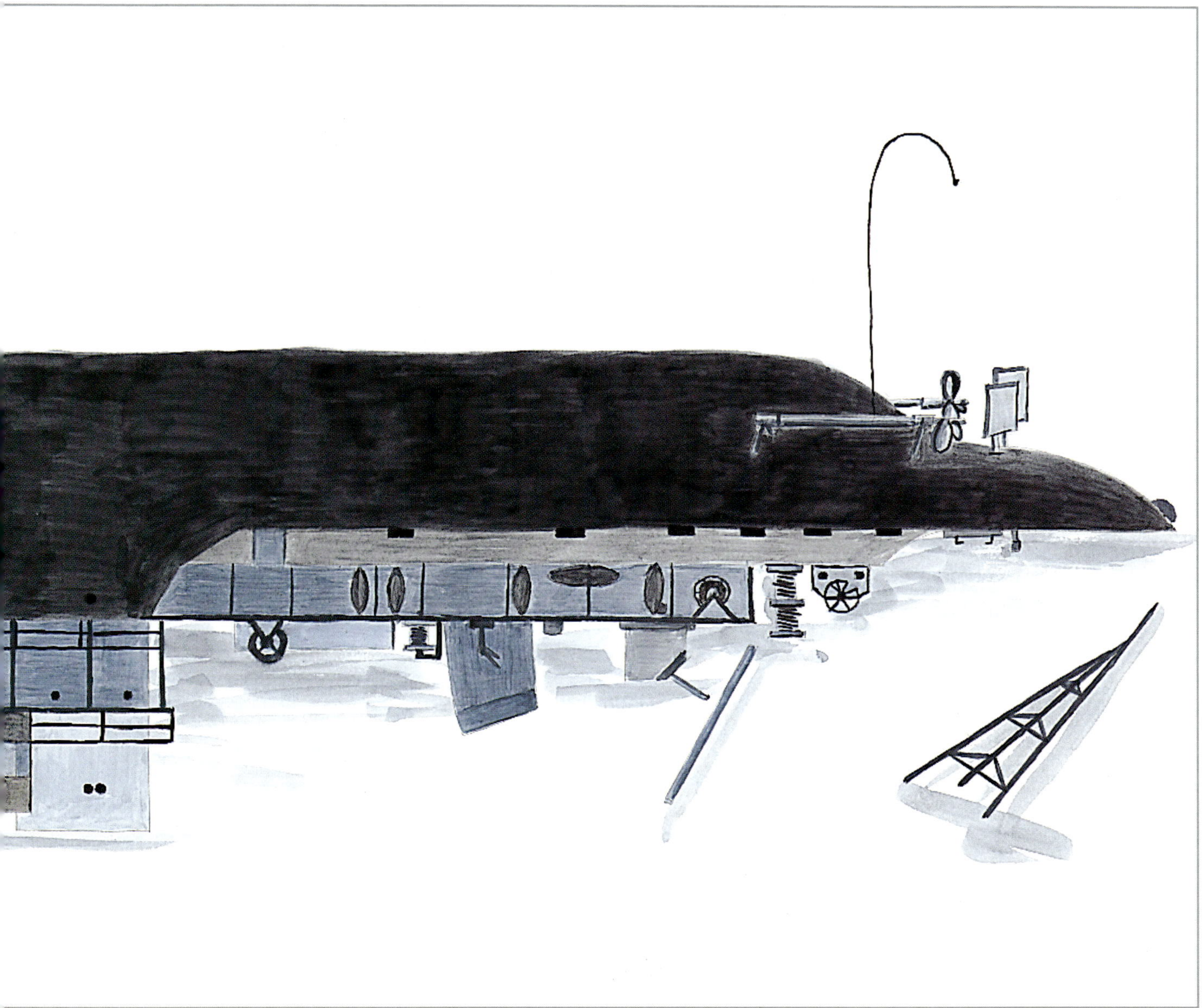

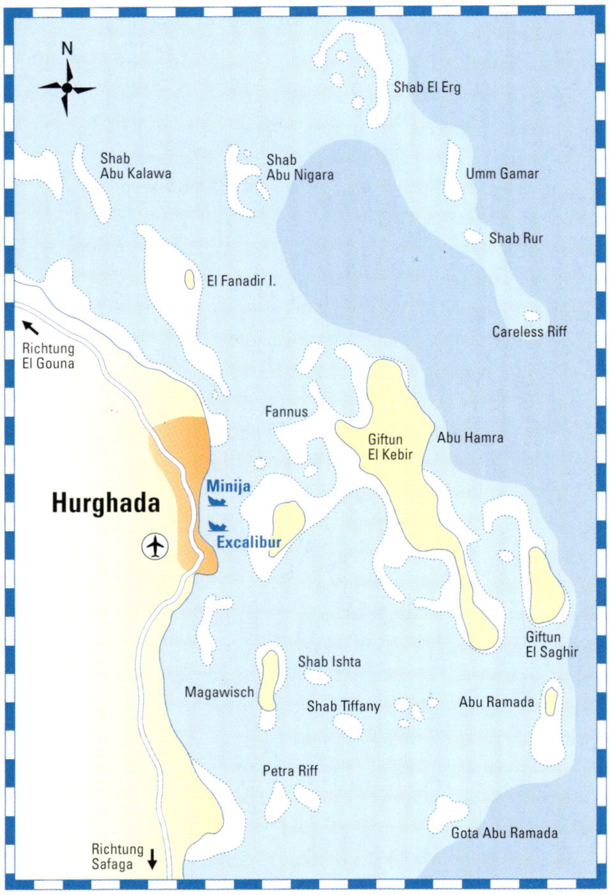

Im Mittschiffsbereich ist noch gut der schmale Zugang zum Achterschiff zu erkennen.

Mittschiff finden sich vor der einstigen Brücke zwei zur Abwehr himmelwärts gerichtete Zwillingsmaschinengewehre. Von den doppelstöckigen Aufbauten ist das obere Deck völlig zerstört. Der Hauptmast liegt heute ca. 30 Meter in Verlängerung der Mittellinie hinter dem Heck. Betaucht werden kann nur das darunterliegende Deck. Die gesamten Aufbauten weisen starke Beschädigungen auf. Zum einen resultieren sie offensichtlich aus dem Beschuß des Bootes zum anderen aus dem Aufprall auf den Meeresboden. Hinter den Aufbauten ragt der kurze kompakte Schornstein auf, der sich in den Grund gebohrt hat. Mittschiffs steuerbords an der Außenseite befinden sich drei längliche und relativ dicklich wirkende Torpedos in dafür vorgesehenen Halterungen. Bei genauerer Betrachtung entpuppen sie sich als Räumottern, die zum Kappen von Ankertauminen benutzt wurden.

Parallel zum Schiff erstreckt sich in Höhe des Mittschiffs und des Achterdecks ein großes Trümmerfeld. Neben Teilen der Aufbauten, einer Gasflasche, Positionslampen und anderen Dingen dominieren vor allem die Berge an Munition. In fünfzehn Magazinen lagert Munition für das 3,7 cm-Geschütz auf dem Achterdeck. Dazwischen findet sich haufenweise MG-Munition. Diese sollte unter keinen Umständen als Souvenir mitgenommen werden, da sich zwischen ihr Leuchtspurgeschosse befinden. Diese als Tracer bezeichneten Geschosse enthalten Phosphor, der, wenn er an der Oberfläche mit Luftsauerstoff in Kontakt kommt, zur Selbstentzündung neigt. Im Bereich von Aufbauten und Achterdeck stehen die meisten Türen, Mannlöcher und Luken offen, ein Hinweis dafür, daß die Besatzung das Schiff offensichtlich panikartig verließ.

Auf dem nachfolgenden flachen Achterdeck dominieren ein Heckgeschütz sowie zwei sich anschließende Zwillingsmaschinengewehre. Die relativ großen Seiltrommeln dienten zum Schleppen des Minenräumgerätes. Mit Hilfe des kleinen Hydraulikkrans wurden die gefundenen Minen über die Stahlrollen am Heckspiegel geborgen. Die zwei Ruder und die dazugehörigen dreiflügeligen Schrauben wirken im Verhältnis zur Schiffsgröße eher klein. Auf dieser Höhe weist der Rumpf eine gewaltige Delle auf. Wie sich erst später herausstellte, rührt sie vermutlich von einer Explosion her, die in unmittelbarer Nähe stattfand.

Ein im Militärhafen von Hurghada liegendes Minenräumboot der ägyptischen Marine, welches dem nur einige hundert Meter entfernt liegenden Wrack zum Verwechseln ähnlich sieht, führt zur Klärung des Falls. Es handelt sich nämlich um eines der vier Minenräumboote vom Typ der T-43-Klasse aus der ehemaligen Sowjetunion. Während des Kalten Krieges kooperierte Ägypten rela-

Im Militärhafen von Hurghada liegt eines der Schwesterschiff vis-à-vis zum Wrack

Die Minja lag vor Anker als sie versenkt wurde. Die Backbordkette läuft durch das freie Wasser zu einem nahegelegenen Riffsockel. (links)

tiv eng mit dem Ostblock. Im Rahmen eines Militärabkommens unterzeichnete der damalige Präsident Nasser am 24.9.1955 in Moskau einen Vertrag zur Lieferung von vier modernen Minenräumbooten. Die Schiffe mit den Namen Bahaira, Charkieh, Garbia und Minija sollten im Krisenfall eine Verminung des Suezkanals durch Israel verhindern. In den darauffolgenden Jahren wurden die vier Boote mit einem Auftragswert von 120.000.000 Dollar an Ägypten ausgeliefert.

Nach dem Sechs-Tage-Krieg 1967 verlor Ägypten den Sinai an Israel. Mit der Sperrung des Suezkanal versiegte eine der Haupteinnahmequellen des Landes. Nach einer kurzen Pause begannen erneut Feindseligkeiten zwischen beiden Ländern. Der sogenannte politische Feldzug gegen Israel verfolgte neben der völligen Vernichtung hauptsächlich die Rückeroberung des Sinai. Israel reagierte mit gezielten Luftangriffen auf militärische und industrielle Objektive. Vor allem Radarstationen und andere Einrichtungen in der Nähe von Flughäfen waren Ziele der Luftoperationen. Der Angriff israelischer Mirage III und Ourgan- Bomber am 6.2.1970 galt also vornehmlich den Radaranlagen um den Flughafen von Hurghada. Die im Hafen vor Anker liegende Minija stellte mit ihrer Bewaffnung eine unmittelbare Gefahr für die von der Seeseite aus angreifenden Flugzeuge dar. Sofort nahmen sie das feindliche Schiff unter Feuer. Ohne einen einzigen Schuß abzugeben, fiel es den Raketen und Bomben der israelischen Luftwaffe zum Opfer und sank innerhalb kürzester Zeit.

Das flache Heck mit seiner Doppelschraube weist erhebliche Kampfspuren auf.

Harmlos: Die Räumotter ist einem Torpedo zum Verwechseln ähnlich

Immer noch an seinem Platz: der Steuerbordanker

18. EXCALIBUR

GPS:	N 27° 12,950` E 33° 55,668`
Ort:	Hafen von Hurghada
Maximale Tiefe:	22 Meter
Minimale Tiefe:	5 Meter
Strömungen:	selten
Sicht:	Stark wechselnd, am besten frühmorgens.
Schwierigkeiten:	Leicht zu betauchendes Anfängerwrack
Gebaut:	unbekannt
Stapellauf:	September 1988
Bauwerft:	Jöhnkwerft, Hamburg
Bau-Nummer:	unbekannt
Flagge:	Deutschland
Reederei:	Privatschiff unter deutscher Flagge (Suzanna und Günter Wenny)
Länge über alles:	35 Meter
Breite:	7 Meter
Seitenhöhe:	ca. 3,50 Meter
Tiefgang:	ca. 2,20 Meter
Tragfähigkeit:	unbekannt
Vermessung:	unbekannt
Antrieb:	Dieselmaschine
Leistung:	300 PS (Cummings)
Geschwindigkeit:	max. 8,5 Knoten unter Motorkraft
Kapitän:	Suzanna und Günter Wenny
Besatzung:	6-7 Mann
Passagiere:	16 (maximal)
Verluste:	keine
Ladung:	keine
Letzte Fahrt:	Das Schiff lag für einen Zwischenstop auf dem Weg zur Werft in Suez im Hafen von Hurghada
Gesunken:	15.12.1995
Ursache:	Feuer nach einem Kurzschluß

Nach dem Ende des II. Weltkrieges lagen die Rumpfschalen für 14 neue Minensuchboote der deutschen Kriegsmarine lange Zeit unbeachtet auf Halde. Schließlich wurde 1986 einer dieser Rümpfe von einer 13köpfigen Eignergemeinschaft erworben. Sie wollte aus dem vor sich dahinrottenden Schiffsboden einen luxuriösen Motorsegler bauen. Das Projekt scheiterte jedoch an fachlicher Inkompetenz, internen Streitigkeiten und der desolaten finanziellen Planung. So endete der Traum von einem Karibikkreuzfahrtschiff mit der Versteigerung eines halbfertigen Bootes. Der Motorsegler wurde von drei der einstigen Anteilseignern ersteigert, die es an Suzanna und Günther Wenny verkauften. Im September 1988 lief die Excalibur endlich vom Stapel der Hamburger Jöhnkwerft. Während des Sommers kreuzte das Schiff im Mittelmeer und verbrachte den unfreundlichen Winter im warmen Roten Meer. In den folgenden Jahren avancierte es zu einem bekannten Safariboot im Süden Ägyptens. Die Kombination von Segel- und Motorboot eröffnete eine neue Marktlücke im hart umkämpften „Lifeaboard boat"-Business. Erst später kamen Boote wie die „Sir Robert Baden Paul" und die „Amorina" hinzu.

Ein jähes Ende nahm diese Erfolgsgeschichte in der Nacht vom 14. auf den 15. Dezember 1995. Die Excalibur lag im Hafen von Hurghada für einen Zwischenstop auf dem Weg zur Werftüberholung in Suez. Ein Kurzschluß zwischen Kombüse und Generatorraum führte zunächst zu einem Schwelbrand, der sich jedoch innerhalb kürzester Zeit ungehindert ausbreitete. Gegen 21.30 erfährt die Eignerin an Land vom Brand an Bord. Die alarmierte Feuerwehr ist innerhalb von 20 Minuten vor Ort. Dennoch liegt die nur ca. 80 Meter vom Ufer entfernte Excalibur außerhalb der Reichweite der Pumpen. Ein angefordertes Feuerlöschboot erscheint erst drei Stunden später. In dieser Zeit schauen die Betroffenen fassungslos zu, wie die Motorjacht ein Opfer der Flammen wird. Das achtern ausgebrochene Feuer greift bald auf die Brücke und den Salon über. Immer wieder erschüttern dumpfe Explosionen den Rumpf. Beim Eintreffen des Feuerlöschbootes steht das Safarischiff lichterloh in Flammen. Aufgrund fehlenden Diesels sind die Pumpen zunächst nicht einsatzbereit. Nachdem dieser eiligst organisiert wurde, zeigt sich auch noch, daß der Schlauch viel zu klein ist. Gegen 4.30 hat die Excalibur den Kampf gegen die Flammen verloren. Zischend versinkt der ausgebrannte Rumpf langsam und aufrecht im ruhigen Wasser.

Inzwischen ist das Wrack des Safaribootes zu einem beliebten Tauchplatz geworden. Unmittelbar unter Land liegend ist das nahezu aufrecht auf dem Grund stehende Schiff optimal zugänglich für Wrackneulinge. Neben geringer Strömung und zumeist guter Sicht eignet es sich aufgrund der Maximaltiefe von 22 Meter hervorragend für den zweiten Tauchgang. Neben der unweit entfernt liegenden Minija gehört es, zugegebenermaßen noch recht unbewachsen, zu den Highlights von Hurghada.

Am günstigsten beginnt man seinen Tauchgang am Bugspriet mit der komplett erhaltenen Takelage. Die beiden Anker sind nicht mehr vorhanden. Während der eine auf

der letzten Fahrt verlorenging, wurde der andere unmittelbar nach dem Untergang geborgen. Auf dem aufgeräumten Vordeck imponieren neben dem Ankerspill, der offenen Luke zum Vorpiek und einem Kasten Pepsi Cola der gut erhaltene Vormast. Noch immer wird er von Stahltrossen, die bis zum Krähennest hinaufreichen, gehalten. Letzteres ist über und über mit Weichkorallen bewachsen und bildet ein interessantes Motiv für Fotografen und Videofilmer. Von Leben wird diese Szene durch eine Gruppe von Fledermausfischen erfüllt, die hier häufig anzutreffen ist.

Unmittelbar hinter dem Vormast schließen sich die Aufbauten mit dem ehemaligen Salon an. Das Feuer ließ von den großen Fenstern zum Vorschiff nur noch leere Öffnungen zurück. Vor diesen liegen die Backbordwanten des Vormastes und versperren den Zugang in das Innere. Das noch unbewachsene Oberdeck mit seiner intakten Reling wird durch zwei Lüfter dominiert. Am Ende des Oberdecks schließt als zweite Ebene die Brücke an. Vor ihr ragen die verkohlten Überreste des Hauptmastes bis in Brückenhöhe empor. Er wurde von Unbekannten nach dem Untergang abgesägt. Seit dieser Zeit schwimmt er, nur noch von den Stahltrossen am Wrack gehalten, mit dem Krähennest nach unten weisend neben der Excalibur. Das Oberdeck setzt sich hinter der Brücke auf Niveau des Salonoberdecks nach achtern fort. Das unbeschädigte Deck diente einst als Überdachung des Achterschiffs mit der Tauchbasis. An Steuerbord ragt der lee-

Gespenstisch erhebt sich das Heck der Excalibur im Licht der Nachmittagssonne

re Davit des Beibootes, mit dem die Kapitänin nach erfolgloser Brandlöschung das Schiff verließ, ins offene Wasser.

Wer sich vom oberen Achterdeck nach unten gleiten läßt, wird hier auf die Schäden des Brandes treffen. Bedingt durch die Explosionen im Schiffsinneren ist der Heckspiegel nach oben geknickt. Vermutlich entstanden diese durch explodierende Treibstoffdämpfe. Die Beplankung des Achterdecks ist regelrecht herausgerissen. Aus dem Inneren des Rumpfes ragt ein stark deformierter

Takelage und Mast sind das einzige, was im Chaos an Bord intakt wirkt (oben)

Der Bugspriet und seine Takelage sind eines der Markenzeichen des ehemaligen Safaribootes

Tank hervor. In dieser eher als bedrohlich anmutenden Atmosphäre wogt ein riesiger Schwarm an Glasfischen hin und her. Eine Anzahl von Rotfeuerfischen lauert im Halbdunklen auf Beute.

Ein Vorstoß in das Innere zeigt, mit welcher Intensität das Feuer gewütet haben muß. Im Salon hat es sich durch alle Decks und Zwischendecks gefressen. Von den Kabinen ist nichts mehr übrig. Das Innere der Excalibur, das durch eine der engen Türen an Back- oder Steuerbord beziehungsweise durch eines der Fenster erreicht werden kann, gleicht einer großen Höhle. In der Mitte wird der Raum von dem nahezu vollständig verkohlten Stumpf des Hauptmastes durchzogen. Überall liegen Trümmer umher. An den Wänden und am Boden finden sich verbogene Leitungen und Kabelreste. Ebenso wie das Heck bewohnen Tausende von Glasfischen die einstige Pantry. Die völlig ausgebrannte Kombüse sowie die Brücke können von unten aus dem ausgebrannten Inneren oder durch die Fenster von oben betaucht werden.

Das Krähennest ist mit Weichkorallen überwuchert (oben)

Neben dem Wrack hängt der abgesägte Heckmast an der Takelage nach unten

19. Aida

Schon von weitem ist die Spitze des victorianischen Leuchtturms auf dem Big Brother auszumachen. Das 1880 errichtete Gebäude war bis Anfang der achtziger Jahre mit einer Petroleumlampe und einer Fresnell-Linse ausgerüstet. Die Drehbewegungen des Lichtstrahls, der bis zu einer Entfernung von 17 Seemeilen zu erkennen ist, wurden durch einen Gegengewichtsmechanismus einer englischen Firma betrieben. Inzwischen hat diese Aufgabe eine elektrische Halogenbirne übernommen. Der Bau des Turms war aufgrund des durch die Eröffnung des Suezkanals zunehmenden Schiffsverkehrs notwendig geworden. Zum einen soll er die Schiffe vor den beiden aus über 1000 Meter Tiefe emporragenden Felsnadeln mitten im Roten Meer warnen, zum anderen dient er der Orientierung. Seit der Übergabe an Ägypten durch die Engländer wird das Leuchtfeuer durch Soldaten und Angestellte des Ministry of War (Ports & Lighthouses Administration) betrieben, die in regelmäßigen Abständen abgelöst werden. Die Versorgung der auf der nur 400 Meter langen und 90 Meter breiten Insel lebenden Menschen erfolgt durch ein Versorgungsschiff, das turnusmäßig alle zwei Monate von Alexandria aus kommend den großen der beiden Brüder anläuft. Neben Lebensmitteln, Wasser und Post für das Personal liefert es auch Kraftstoff für die Generatoren, die das Licht für das Leuchtfeuer erzeugen.

Im Jahre 1911 läuft die 80 Meter lange Aida bei Atel. & Ch. de la Loire in Nantes vom Stapel. Sie wurde für die ägyptische Regierung erbaut, die sie dem Kriegsministerium, Abteilung Ports & Lighthouses Administration, unterstellt. Von dieser Zeit an versorgt sie von Alexandria aus Leuchttürme entlang der ägyptischen Mittelmeerküste und im Roten Meer. Während des zweiten Weltkrieges wird sie zeitweise von den Engländern als Transporter für Kriegsmaterial und Truppen eingesetzt. Im Anschluß an diese Zeit nimmt sie wieder ihre ursprüngliche Aufgabe wahr. Während einer Versorgungsfahrt zu den Leuchttürmen auf den Brother Islands und auf dem Daedalus Riff macht sie 1956 am westlichen Landungssteg am Big Brother fest. In der Nacht dreht der Wind unbemerkt und drückt die Aida gegen das Riff. Zwar versucht die aus dem Schlaf gerissene Besatzung noch verzweifelt das Schiff zu retten, dennoch wird es mit dem Bug auf das Riffdach geschoben. Dabei wird der vordere Teil des Schiffes stark beschädigt und das eindringende Wasser flutet die hinteren Laderäume. Das immer

GPS:	N 26° 18,762' E 34° 50,051'
Ort:	Brother Island
Maximale Tiefe:	70 Meter
Minimale Tiefe:	28 Meter
Strömungen:	Die teilweise extrem starken Strömungen können einen Tauchgang an der Aida unmöglich machen.
Sicht:	Gut bis sehr gut. Die besten Bedingungen herrschen in den frühen Vormittagsstunden.
Schwierigkeiten:	Das Wrack beginnt erst ab einer Tiefe von 30 Metern. Aufgrund dieser Tiefe und der häufig vorherrschenden starken Strömungen bleibt es Fortgeschrittenen und Wrackenthusiasten vorbehalten. Da die nächste Druckkammer weit entfernt ist, sollten Dekompressionstauchgänge vermieden werden.
Stapellauf:	1911
Bauwerft:	Atel. & Ch. de la Loire, Nantes, Frankreich
Bau-Nummer:	unbekannt
Flagge:	Ägypten
Reederei:	Ägyptische Marine, Administration of Ports & Lighthouses
Länge über alles:	80,7 Meter
Breite:	10,4 Meter
Seitenhöhe:	7,5 Meter
Tiefgang:	6,4 Meter
Tragfähigkeit:	917 Tonnen
Vermessung:	1428 BRT
Antrieb:	Dreifachexpansionsmaschine, Atel. & Ch. de la Loire, Nantes, Frankreich
Leistung:	unbekannt
Geschwindigkeit:	unbekannt
Kapitän:	unbekannt
Besatzung:	unbekannt
Passagiere:	157
Verluste:	keine
Ladung:	Lebensmittel, Treibstoff, Post, Soldaten
Letzte Fahrt:	Von Alexandria zu den Brother Islands
Gesunken:	1957
Ursache:	Die vor Anker liegende Aida II war falsch vertäut und rammte beim Gezeitenwechsel das Riff.

Legende im Roten Meer: Der Leuchtturm auf dem Big Brother

Die Eisenbahnräder gehören zu einem der beliebtesten Fotomotive des Wracks im Flachwasserbereich

schwerer werdende Heck zieht den Havaristen langsam und unerbittlich in die Tiefe. Schließlich zerbricht die Aida im Vorschiffbereich und sinkt. Glücklicherweise kommen keine Menschen bei diesem Unglück zu Schaden.

Inzwischen ist das Wrack des Versorgers zu einem integralen Bestandteil der Unterwasserlandschaft geworden. Das am Bug abgebrochene Schiff liegt, aufrecht auf dem Kiel stehend, mit seiner Längsachse in einem Winkel von 90 Grad zum Riff. Die vordere Oberkante des Decks beginnt in 30 Meter Tiefe. Schraube und Ruderanlage finden sich jenseits der Sporttauchergrenze bei 70 Metern. Aufgrund der Tiefe und der zum Teil starken Strömungen ist eine sorgfältige Tauchgangsplanung und Durchführung erforderlich. Das vom maritimen Leben überwucherte Wrack bleibt somit nur erfahrenen Wracktauchern vorbehalten, bildet für diese aber sicherlich einen der Höhepunkte eines Besuches auf den Brother Islands.

Die Untergangsstelle 100 Meter nordöstlich des Steges ist bereits deutlich über Wasser an den großen Wassertanks auf dem Riff zu erkennen. Sie waren in den vorderen Laderäumen untergebracht und sicherten den Süßwasserbedarf der Leuchtturmbesatzung. Über spezielle Rohre, die am Anlandungssteg angebracht sind, wurde das Wasser zu den Gebäuden hinaufgepumpt. Überreste einer dieser Pumpen liegen in 4 Meter Tiefe unmittelbar an der Riffabbruchkante. Neben zahlreichen anderen Wrackteilen, wie Pollern, Windhutzen und Stahlplatten, finden sich am nordöstlichen Ende des Trümmerfeldes zwei große Konstruktionen, die wie der Unterteil einer Kanonenlafette wirken. Wahrscheinlich stammen sie jedoch nicht von der Aida, sondern gehören zu dem unbekannten Wrack an der Nordwestspitze des Big Brother. Sie zählen aber sicherlich zu den am häufigsten abgelichteten Fotomotiven in dieser Region.

Ab einer Tiefe von 6 Metern fällt die Riffkante nahezu senkrecht bis auf 35 Meter ab, bevor sie in einen schräg verlaufenden Abhang übergeht, der im endlosen Blau verschwindet. In 30 Metern sind die Überreste des Mittschiffsdecks der Aida anzutreffen. Ihr Kiel liegt hier bereits auf 38 Meter Tiefe. Der Meeresboden zwischen dem Wrack und der Riffwand ist mit Stahlplatten des auseinandergebrochenen Vorschiffs übersäht. Der Versorger zerbrach nach der Kollision in der Mitte des vorderen Laderaums. Die aufragenden Außenbordwände und der aufgebrochene Laderaum wirken wie das halb offen stehende Maul eines Riesen. Sowohl der erste als auch der zweite Laderaum sind leer.

Entlang der Backbord- und der Steuerbordseite rahmt eine nahezu komplett erhaltene Reling das gesamte Schiff ein. Die kleinen Ladeluken lassen auf das Alter des Schiffes schließen. Ein Großteil der Decksbeplankung fiel dem Zahn der Zeit zum Opfer und läßt das Vorschiffsdeck wie ein Gerippe erscheinen. Reling und Spanten sind, bedingt durch die zum Teil extremen Strömungen, über und über mit Weichkorallen unterschiedlichster Formen und Farben überwuchert. Sie gedeihen hervorragend durch das Überangebot an Nährstoffen, die die Strömung mit sich bringt. Mit ihr kommen aber auch Bewohner der Hochsee an das Wrack. Mit ein wenig Glück lassen sich im Blauen Grauhaie, Hammerhaie oder sogar Weißspitzenhochseehaie entdecken. Gerade das skurril wirkende Schiffsgerippe des Vorschiffs und die Fülle an Flora und Fauna sind es, die einen Tauchgang an der Aida zu einem Tauchertraum werden lassen.

Einer der Ladekräne im Mittschiffsbereich ist von Weichkorallen überwuchert

Gegenlichtstimmung auf dem Oberdeck; im Hintergrund einer der leeren Davits (oben rechts)

Auf dem Riffdach findet sich eine der Pumpen, mit denen Wasser zum Leuchtturm gefördert wurde (rechts)

Für den Mittschiffsbereich mit seinen einstöckigen Aufbauten verbleibt nur wenig Zeit. Die Oberkante der Aufbauten liegt auf 37 Metern, wohingegen der Tauchcomputer im Maschinenraum bereits über 50 Meter Tiefe anzeigt. Stimmungsvoll ragen die leeren Davits ins offene Wasser. Von der Brücke der sich anschließenden Kajüte des Kapitäns sowie den darunter befindlichen Mannschaftsquartieren läßt sich nur wenig erkennen. Der Maschinenraum mit seinen alten Kesseln und der Dreifachexpansionsmaschine der französischen Firma Atel. & Ch. de la Loire aus Nantes wirkt wie aus einer anderen Zeit.

An die Mittschiffsaufbauten schließen sich zwei weitere Laderäume an. Ebenso wie im Vorschiff sind die Decksplanken teilweise verrottet. Am Boden der leeren Laderäume läßt sich der zum Heck verlaufende Wellentunnel erkennen. Aufgrund der Tiefe von über 50 Metern ist der Korallenbewuchs deutlich spärlicher, das Achterschiff wirkt somit eher nackt und ein wenig bedrohlich. Das weitausladende Heck erinnert an das eines Segelschiffes. Mit über 60 Metern liegt es allerdings jenseits der Sporttauchertiefe.

Nicht zum Nachahmen mit normalem Preßlufttauchgerät empfohlen:
Diese Aufnahme vom Heck wurde unter Verwendung von Mischgas geschossen

20. Schlepper von Abu Kalawa

GPS:	N 24° 13,628' E 35° 34,425'
Ort:	Fleckriff an der Nordostecke des Abu Kalawa
Maximale Tiefe:	18 Meter
Minimale Tiefe:	0 Meter
Strömungen:	selten
Sicht:	zumeist sehr gut
Schwierigkeiten:	Das Wrack bietet sowohl Anfängern als auch Fortgeschrittenen Wracktauchen pur. Aufgrund der geringen Tiefe eignet es sich auch für einen Nachmittagstauchgang.
Gebaut:	Ca. 1930-1940
Stapellauf:	unbekannt
Bauwerft:	unbekannt
Bau-Nummer:	unbekannt
Flagge:	vermutlich ägyptisch
Reederei:	unbekannt
Länge über alles:	ca. 35 Meter
Breite:	ca. 6,2 Meter
Seitenhöhe:	ca. 5,1 Meter
Tiefgang:	unbekannt
Tragfähigkeit:	unbekannt
Vermessung:	unbekannt
Antrieb:	4 Zylinder Dampfmaschine, 1 Kessel
Leistung:	unbekannt
Geschwindigkeit:	unbekannt
Kapitän:	unbekannt
Besatzung:	unbekannt
Passagiere:	unbekannt
Verluste:	vermutlich keine
Ladung:	keine
Letzte Fahrt:	unbekannt
Gesunken:	unbekannt
Ursache:	Kollision mit einem kleinen Fleckriff des Abu Kalawa

Das Riffgebiet von Abu Kalawa liegt nördlich von Ras Banas. Abseits der großen Schiffahrtswege gelegen, ist es erstaunlich, ausgerechnet hier auf ein Wrack zu stoßen. Um so rätselhafter ist die Tatsache, daß es sich bei dem Schiff um einen Schlepper handelt, der eigentlich für Arbeiten im Bereich von Häfen, Anlegestellen und Docks konzipiert war. Einrichtungsgegenstände, wie Armaturen, Ventile und Steckdosen im Inneren datieren die Zeit des Untergangs auf 1940 bis 1950. Die beiden einzigen Häfen, die zu jener Zeit existierten waren Quseir im Norden und Port Berenice südlich von Ras Banas. Die anderen Anlegestellen bei Marsa Alam und am Wadi Lahami entstanden erst in den sechziger Jahren. Unter Berücksichtigung dieser Gegebenheiten sind zwei Szenarien möglich. Der Schlepper befand sich auf dem Weg von Quseir nach Port Berenice oder umgekehrt. Bei ruhiger See kollidierte er mit dem Riff, das bei geringem Seegang nicht zu erkennen ist. Gegen diese These spricht die Tatsache, daß der Schlepper an der Nordwestecke von Abu Kalawa, also der dem Festland zugewandten Seite, auflief. Aufgrund der zahlreichen Riffe entlang der Küste meiden Schiffe diese Gewässer und fahren weiter entfernt vom Festland. Somit wäre es also möglich, daß der Schleppdampfer in dieser Region unterwegs war, um einem in Seenot geratenen Schiff zu Hilfe zu eilen und durch einen Navigationsfehler auflief. Die aufgeschlitzte Bordwand deutet darauf hin, daß der Kapitän noch in letzter Sekunde versuchte, eine Kollision mit dem Riff zu vermeiden. Nach der Havarie muß noch geraume Zeit bis zum Untergang vergangen sein. Das gesamte Schiff wirkt relativ aufgeräumt. An Bord befinden sich keinerlei Hinweise auf persönliche Gegenstände der Besatzung. Außer dem Riß in der Bordwand gibt es keine weiteren Anhalts-

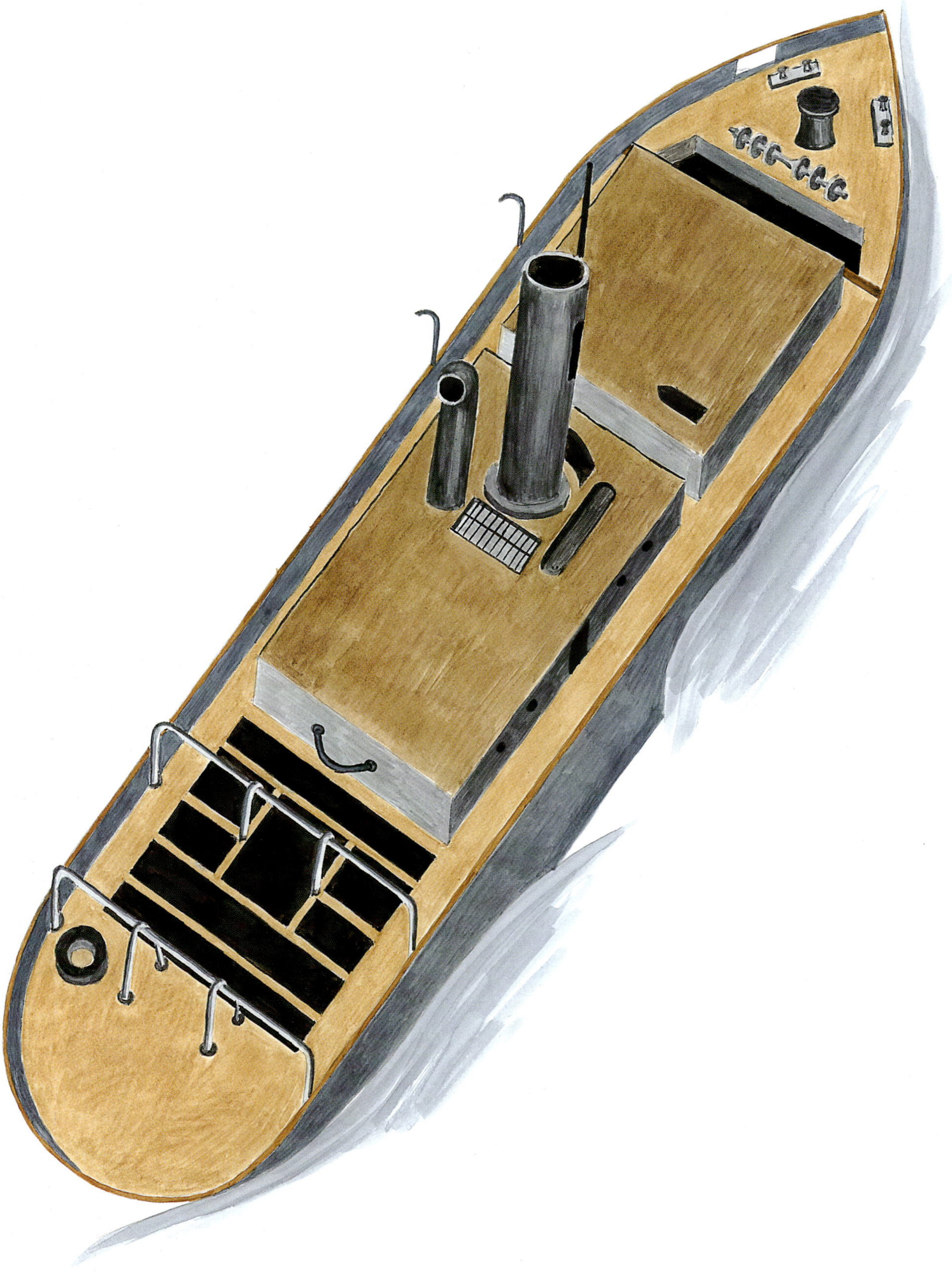

In einem guten Zustand befinden sich die als Fender verwendeten LKW-Reifen

punkte, die auf Beschädigungen durch Wind oder Wellen hindeuten. Auch dieser Umstand weist darauf hin, daß die Kollision mit dem kleinen Fleckriff bei ruhiger See stattgefunden haben muß.
Heute zählt der Schlepper, der vermutlich zu Beginn der dreißiger Jahre gebaut wurde, zu den Attraktionen einer Mehrtagestour entlang der südlichen ägyptischen Festlandsküste. Üppig bewachsen, ist er inzwischen zu einem eigenständigen Riff geworden. Das 35 Meter lange Wrack bietet sowohl Anfängern als auch erfahrenen Wracktauchern stimmungsvolle Unterwasserimpressionen. Mit einer Maximaltiefe von 18 Metern eignet es sich hervorragend für den Nachmittagstauchgang.
Am besten beginnt man seinen Erkundungstour im offenen Wasser hinter dem Wrack. Bei zumeist hervorragenden Sichtbedingungen zeichnen sich die Konturen des Schleppers schon aus größerer Entfernung deutlich vom Riff ab. Wie in einem Abenteuerfilm gleitet der Taucher auf das um ca. 20 Grad nach steuerbord geneigte Wrack zu bis er es in einem Panoramablick vollständig überschauen kann. Der Bug liegt in 1 Meter Tiefe auf dem Riffdach, während das Heck in 18 Metern auf einer freien Sandfläche ruht. Bedingt durch die Schräglage nach steuerbord kann ein Blick auf die halb im Sand vergrabene Schraube geworfen werden. In Richtung auf das Riff zu ist es nach wenigen Metern möglich, unter dem freihängenden Rumpf von der Backbord- zur Steuerbordseite durchzutauchen. Der Kiel ist prächtig mit Korallen und Krustentieren überzogen. Eine Lampe läßt die neuen Bewohner in den schillernsten Farben erleuchten.
Das Heck des Schleppers wirkt, als sei es erst vor kurzem verlassen worden. Die überdimensional großen Poller sind mit Steinkorallen überwachsen. Von den Führungsstangen für die Schlepptaue hängen Weichkorallen herunter. Backbordseitig befindet sich unter dem achtern gelegenen Schleppgestänge ein gewaltiger LKW-Reifen, der vermutlich als Fender benutzt wurde. Im mittleren Abschnitt des Arbeitsdecks fehlt die Decksbeplankung und es kann ein Blick in das Innere geworfen werden. Am Boden verläuft deutlich sichtbar der Wellentunnel.

Wellen und Seegang haben dem Bug bis jetzt wenig anhaben können

Die Brücke und der vordere Teil der Aufbauten sind problemlos zu betauchen.

Mittschiffs schließen sich die einstöckigen Aufbauten an. An ihrer Rückseite imponiert die Schlepprolle. Auch die Aufbauten sind üppig mit Stein- und Weichkorallen bewachsen. Sowohl der Schornstein als auch die backbords gelegene Windhutze sind gut erhalten. Am Ende der den Schornstein überragenden dünnen Dampfrohrleitung ist in zwei Metern Wassertiefe die formschöne Schiffspfeife zu bewundern. Die beiden backbordseitig gelegenen Davits sind leer und deuten darauf hin, daß die Besatzung offensichtlich genügend Zeit hatte, das Schiff zu verlassen.

Der Zugang zum Maschinenraum befindet sich an der Steuerbordseite in Höhe des Schornsteins. Er wird dominiert vom mittig liegenden Kessel. Laufgitterroste rahmen ihn ein und gewähren einen Einblick in die darunter liegende Bilge. Obwohl durch die offenen Bullaugen sowie die Oberlichter und Lüftungsgitter ausreichend Licht einfällt, ist eine Lampe erforderlich, um die vielen technischen Details wie Sicherungskästen, Manometer, Ventile und Lampen zu bewundern. Vorsicht ist zum einem vor dem feinen Sediment geboten, das bei hektischen Flossenschlägen innerhalb kürzester Zeit die Sicht verschlechtert. Obacht ist andererseits auf die kapitalen Rotfeuerfische zu geben, die im Maschinenraum leben und sich prächtig vom riesigen Schwarm der Glasfische ernähren.

Durch einen schmalen Gang getrennt schließen sich die Brücke mit den angrenzenden Mannschaftsräumen und Toiletten an. Zahlreiche Taucher haben diesen leicht zu betauchenden Bereich inzwischen von nahezu sämtlichen Relikten „gesäubert". Durch die kleinen Bullaugen läßt sich das Vorschiff inspizieren. Sowohl die hier befindlichen Ankerwinschen als auch die Poller wirken im Gegensatz zu den am Heck liegenden geradezu winzig. Der bei Ebbe aus dem Wasser hervorragende spitz zulaufende Bug deutet auf das Alter des Schleppers hin.

Der Schlepper von Abu Kalawa gehört mit seinem üppigen Bewuchs zu einem Highlight im südlichen Ägypten

21. Russischer Frachter

Passagiere:	unbekannt
Verluste:	unbekannt
Ladung:	unbekannt
Letzte Fahrt:	unbekannt
Gesunken:	unbekannt
Ursache:	unbekannt

GPS:	N 23° 37,401' E 36° 11,802'
Ort:	Nordseite von Zabargad Island
Maximale Tiefe:	24 Meter
Minimale Tiefe:	0 Meter
Strömungen:	Zum Teil starke Strömung
Sicht:	Gut bis sehr gut
Schwierigkeiten:	Das Schiff stellt aufgrund seiner Lage und seiner geringen Tiefe ein ideales Wrack für Beginner und Einsteiger dar. Beim Betauchen der Innenräume muß allerdings mit Vorsicht agiert werden, da vor allem in den Heckaufbauten alles mit einer feinen Sedimentschicht bedeckt ist, die bei den kleinsten Flossen schlägen aufgewühlt wird und die Sicht stark beinträchtigt.
Stapellauf:	etwa zwischen 1960 und 1970
Bauwerft:	unbekannt
Bau-Nummer:	unbekannt
Flagge:	vermutlich russisch oder bulgarisch
Reederei:	unbekannt
Länge über alles:	ca. 70 Meter
Breite:	ca. 12 Meter
Seitenhöhe:	ca. 4,7 Meter
Tiefgang:	unbekannt
Tragfähigkeit:	ca. 1500 BRT
Vermessung:	unbekannt
Antrieb:	unbekannt
Leistung:	unbekannt
Geschwindigkeit:	unbekannt
Kapitän:	unbekannt
Besatzung:	unbekannt

Die Insel Zabargad an der Grenze zum Sudan zählt seit Jahrzehnten zu den Höhepunkten einer Tauchsafari im südlichen Roten Meer. Seit der Zeit Nassers gibt es immer wieder Streitigkeiten zwischen Äygpten und seinem südlichen Nachbarn um die sagenumwobene Insel. Im Altertum unter dem Namen Topazion bekannt, wurden hier bereits im 15. Jahrhundert v. Chr. Olivine abgebaut. Bis zum Beginn des 19. Jahrhunderts sind diese wunderschönen Steine in den Minen der Insel gefördert worden. Noch heute lassen sich die in den Felsen geschlagenen Abbaustollen besichtigen. Die jüngeren Rivalitäten bezüglich der Besitzansprüche über das Eiland beziehen sich jedoch vornehmlich auf die unter der Insel vermuteten Öl- und Erdgasvorkommen. So ist es nicht ver-

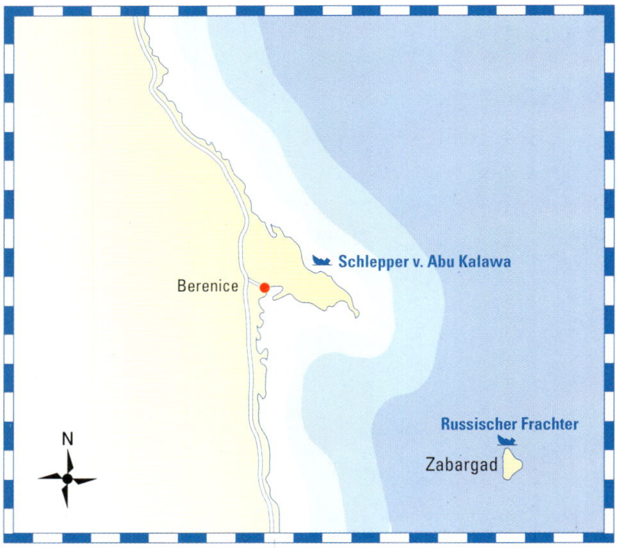

wunderlich, daß die phantastischen Tauchgebiete in dieser Region aus den unterschiedlichsten Gründen heraus immer wieder für eine unbestimmte Zeit gesperrt werden. Obwohl nur wenige Taucher hierher gelangen, ist es verwunderlich, daß das Schiff erst vor wenigen Jahren entdeckt wurde. Es befindet sich nur ca. 100 Meter nördlich der Mole, an der die meisten Boote über Nacht ankern. Am Strand hinter der Riffkante, an der das Wrack liegt, finden sich zwei der zerschellten Rettungsboot.

Die Lage des Wracks an der nordöstlichen, also der dem Festland zugewandten Seite, läßt darauf schließen, daß der Havarist absichtlich die Insel anlief. Über die Gründe des Untergangs läßt sich allerdings nur spekulieren. Prinzipiell sind zwei Szenarien möglich:

Als das Schiff Zabargad passierte, traten an Bord Probleme auf. Um diese an einer geschützten Stelle beheben zu können, lief es die windabgewandte Seite der Insel an. Unmittelbar unter Land kam es zu einer Explosion im mittleren Drittel. Sie riß ein großes Loch in die Steuerbordwand und das Schiff sank in dessen Folge. Für diese Theorie sprechen zum einen die erheblichen Beschädigungen in diesem Abschnitt und zum anderen die teilweise nach außen gebogenen Außenbordwände. Auch die auf dem Riffdach liegenden Schiffsteile, wie Rumpfplatten, Poller und eine Winsch, könnten durch die Expolsion dorthin geschleudert worden sein. Ungeklärt bleibt, wie bei dieser Tragödie das Loch am Heck in Höhe des Maschinenraums entstand.

Einer weiteren These zufolge könnte das Schiff Zabargad angelaufen haben, um die auf der Insel stationierten Soldaten zu versorgen. Nach dem Löschen der Ladung versuchte der Versorger, das mit Korallenriffen übersäte Areal um die Mole herum zu verlassen. Hierbei kollidiert sein Heck mit einem der Korallenpfeiler. In der Folge

Im Gegenlicht hebt sich die Silhouette der Brücke kontrastreich im dunkelblauen Wasser ab.

drang Wasser in den Maschinenraum ein und machte es manövrierunfähig. Die Strömung und der Wind drückten den Havaristen an die Riffkante, die ein großes Leck in die steuerbordseitige Bugsektion riß. Für diese Version spricht die nahe Lage zur Mole. Auch der heruntergelassene Heckanker deutet darauf hin, daß eine erneute Kollision mit dem Riff vermieden werden sollte.

Die Laderäume des Wracks sind leer. Alle an Bord befindlichen Beschriftungen sind in kyrillischer Schrift, ein Hinweis daraufhin, daß das Schiff aus der ehemaligen Sowjetunion oder Bulgarien stammt. Da Ägypten in den sechziger und siebziger Jahren, also in jener Zeit, in der das Schiff sank, eng mit diesen Ländern kooperierte, könnte es sich bei dem Wrack um eines in diesen Ländern für den ägyptischen Staat gebautes Versorgungsschiff handeln. Eine Recherche über die zu diesem Zeitraum in der Sowjetunion oder Bulgarien gebauten Schiffe war ebenso wie Anfragen bei den ägypischen Behörden über ein solches Schiff erfolglos.

Heute liegt das Schiff parallel zum Riff in einer Tiefe von maximal 24 Metern. Während Mittschiffs- und Heckbereich aufrecht auf dem Grund stehen, ist die Bugsektion inzwischen abgebrochen und auf die Backbordseite gekippt. Die Natur hat das Wrack nur zögernd in Besitz genommen. Seine Formen und Konturen sind klar zu erkennen und der überwiegend aus Steinkorallen bestehende Bewuchs gibt der Szenerie ein unwirkliches Aussehen. Trotz der meist guten Witterungsbedingungen können Wind und starke Strömungen einen Tauchgang an dem auch für Einsteiger geeigneten Wrack vereiteln. Die beste Zeit für einen Unterwasserspaziergang stellt der frühe Nachmittag dar.

Am günstigsten beginnt man seine Erkundungstour an der zum Teil im Sand vergrabenen Schraube in 18 Meter Tiefe. Von der großen Klüse am Heck zieht sich eine Kette mit dem dazugehörigen Anker zum Riffdach, ein Indiz dafür, daß die Besatzung offensichtlich noch versuchte, den Havaristen vor dem Untergang zu bewahren. Durch ein Loch an der Steuerbordseite kann ein Blick in den hinteren Abschnitt des dreigeteilten Maschinenraumes geworfen werden. In ihm läßt sich die große Maschine mit ihren Nockenarmen, Ventilen und Leitungen, die weitgehend frei von Inkrustationen ist, bewundern. In den hinteren Abschnitten sind die zwei Hilfsdiesel zu besichtigen. Ein dichtes Netz aus Rohren und Leitungen mit zahllosen Schaltkästen und Manometern macht den Maschinenraum relativ unübersichtlich. Der Raum kann entweder durch die offenen Oberlichter oder durch eine schmale Treppe, die zu den darüber gelegenen Mannschaftsquartieren führt, verlassen werden. Wer sich tiefer in das Innere des Wracks vorwagt, sollte vorsichtig tarieren und behutsam mit seinen Flossen umgehen. Das feine Sediment läßt die Sicht innerhalb kürzester Zeit auf Null sinken.

Der Hauptmast ist inzwischen von Steinkorallen überwuchert

Einen nur spärlichen Bewuchs weisen die Rohre im Mittschiff auf.

Das aufgeräumte Heck wirkt, als sei es erst vor kurzem verlassen worden. Mittig findet sich die für diese Schiffsgröße überdimensioniert wirkende Ankerwinsch. Die intakte Reling mit ihren Aussparungen für Enlüftungskamine ist mit Steinkorallen bewachsen. Von den beiden großen Winden ist die backbordseitige leer. Backbords und steuerbords befindet sich ein überdachter Gang zum Vorschiff. Neben der Treppe zum Oberdeck führt eine Tür mit offenstehendem Schott zu den Mannschaftsräumen. Auf dem Oberdeck imponieren die leeren Davits. Die Überreste der zwei größeren hinteren Rettungsboote liegen hinter der Riffkante vis-à-vis am Strand. Zwischen den Davits weisen die 6 offenen Oberlichter den Weg zum Maschinenraum. Unmittelbar davor ragt der rechteckige Schornstein empor. An seiner Steuerbordseite führt eine Tür zur Brücke. Von hier gelangt man zum Funkraum, der unmittelbar neben der Kabine des Kapitäns liegt. Sämtliche Beschriftungen auf Leitungen, Sicherungskästen, Telefonen sowie dem Funkgerät weisen kyrillische Zeichen auf, ein Hinweis, daß das Schiff russischen oder bulgarischen Ursprungs ist. Auf der Brückennock, unmmittelbar vor dem Mast mit den Funkantennen und den hinteren Positionslichtern, sind zwei Ständer, in denen sich ursprünglich die beiden kardanisch aufgehängten Kompasse befanden.

In Richtung Mittschiff schließt sich an die Brücke ein kurzes Vordeck an, das von einer Eisenkonstruktion für ein Sonnensegel überdeckt wird. Das gesamte Schifflänge wird von einer Brücke überspannt, die sich bis zum Bugmast erstreckt. Die Laderäume sind leer und verlassen. Unmittelbar vor dem Bugmast ist das Schiff zerbrochen. An der Steuerbordseite wirken die Außenbordwände als wären sie durch eine Explosion nach außen gebogen.

Die Bugsektion ist im vorderen Drittel des Schiffs abgebrochen und um ca. 50 Grad nach backbord gekippt. In 17 Meter Tiefe stößt die Bugspitze genau an einen Riffvorsprung. Der mit dem Bugdeck über einen Laufgang verbundene vordere Mast mit seinem kleinen Ladebaum und den vorderen Positionslichtern ragt weithin sichtbar ins offene Wasser. Von seiner Spitze aus hat man einen guten Überblick über den gesamten vorderen Abschnitt des Wracks. Dominiert wird der Bug vom nur wenig bewachsenen Ankerspill. Steuerbords gelangt man über ein offenes Mannsloch zum Vorpiek, in dem außer einigen Tauen und dem Ankerkasten nichts Aufregendes zu entdecken ist. Ebenso wie das Heck wirkt es mit seinen Winden und aufgeschossenen Tauen jederzeit betriebsbereit.

Die Aufbauten des Frachters wirken als seien sie erst vor wenigen Minuten verlassen worden

Glossar

Im Laufe der Zeit hat sich in der Seefahrt eine eigene Fachsprache entwickelt. Dieser kurze Abschnitt faßt die gebräuchlichsten Begriffe, die auch bei der Beschreibung der in diesem Buch aufgeführten Wracks verwendet wurden, zusammen.

Abteilung	durch zwei verschiedene Schotts abgegrenzter Raum
Achterdeck	das hinterste zum Heck laufende Deck
Achterpiek	hinterster Raum im Schiff mit Kollisionsschott. Beide Räume im Schiff dienen der Lecksicherheit bei Kollisionen. (siehe auch Vorpiek)
Achterschiff	hinterer Teil eines Schiffes mit Schraube und Ruder
Ankerklüse	starkwandiges Rohr mit wulstförmigem Abschluß, durch das die Ankerkette von Deck nach außen läuft
Ankerspill	Winde, mit der der Anker gehievt wird
Aufbauten	Räume über dem Hauptdeck, die von einer Schiffsseite zur anderen gehen
Back	der vordere erhöhte Aufbau des Schiffes
Backbord	linke Seite eines Schiffes bei Betrachtung in Fahrtrichtung
Ballast	Beladung eines Schiffes zur besseren Stabilität bei Leerfahrten, meist Wasser in Tanks
Bilge	Raum am Boden des Schiffes, in dem sich Schwitz- und Leckwasser sammelt
Bordwand	seitliche Wand des Schiffes
Brücke	Teil der Aufbauten für den Kommandostand
Brückennock	seitliche Aufbauten an der Brücke zur besseren Übersicht
BRT	Bruttoregistertonne, Raummaß für das Gesamtvolumen eines Schiffes, wobei alle Räume und die Aufbauten gemessen werden. BRT=2,83 m^3
BRZ	seit dem 18.7.1994 gilt zur Vermessung die Bruttoregisterzahl
Bug	vorderer, spitz zulaufender Teil des Schiffes
Bugspriet	nach vorne herausragender Mast bei Segelschiffen
Bunker	Raum für Brennstoff
Davits	paarweise angeordnete Kräne zum Ausschwenken und Ablassen der Rettungsboote
Deadweight	engl. Bezeichnung für die Tragfähigkeit eines Schiffes insgesamt. Dazu gehören Ladung, Proviant, Wasser und Betriebsstoff (tdw).
Deck	Etage eines Schiffes

Decksbalken	Tragebalken der Decks
Doppelboden	abgeschlossener Raum im Schiffsboden bis etwa 200 cm Höhe. Er unterteilt sich in Ballast- und Öltanks sowie Leerzellen und dient der Sinksicherheit bei Grundberührung.
Faden	der tausendste Teil einer Seemeile (1,83 m)
Freibord	Abstand von der Wasserlinie bis zum tiefsten Punkt des Freiborddecks im beladenen Zustand
Freibordmarke	Eichmarke für die maximale Beladung. Sie wird auch als Plimsoll-Marke bezeichnet.
Germanischer Lloyd	deutsche Klassifikationsgesellschaft. Erläßt Vorschriften für Bau und Ausrüstung von Schiffen und stellt Bescheinigungen aus über Güte und Sicherheit von Schiffen.
Hauptdeck	oberstes, durchlaufendes Deck eines Schiffes
Hauptspant	Spant an der breitesten Stelle des Schiffes
Heck	hinterer Abschluß des Schiffes
Juffer	Vorrichtung zur Befestigung von Takelage und Wanten bei Segelschiffen
Kabelgatt	vorderster Raum eines Schiffes
Kesselraum	Raum für Schiffskessel, gegen andere Räume abgeschottet, nach oben führt der Kessel schacht mit dem Schornstein
Kettenkasten	Raum für die Ankerkette
Kiel	Grundbalken eines Schiffes
Kollisionsschott	Schott im Bug und im Heck des Schiffes zum Schutz bei Kollision (siehe Vor- bzw. Achterpiek)
Kombüse	Schiffsküche
Krähennest	Ausguck im vorderen Mast
Ladebaum	schwenkbarer Arm zur Be- und Entladung des Schiffes
Ladeluke	verschließbare Decksöffnung
Laderaum	Raum im Schiff für die Ladung. Er ist angepaßt an die Art der Ladung, wie z.B. für Container oder Massengut.
Länge ü.A.	Schiffslänge über alles gemessen, vom Bug zum Heck
Längsschott	längs zum Schiff laufendes Schott
Leck	schadhafte Stelle der Außenhaut mit Wassereinbruch
Lloyds' List	Liste der Schiffe mit Lloyd's Register Klasse
Lloyds' London	Versicherungsgesellschaft. Sie gibt wöchentlich den Lloyd's Shippingindex heraus, in dem die Standorte der bei ihr registrierten Schiffe aufgeführt sind. In ihr sind auch die Schadensereignisse (z.B. vermißt, Strandung, Brand, Feuer) vermerkt.
Lloyds' Register	britische Klassifikationsgesellschaft. Sie gibt jährlich das "Register of Ships" heraus, worin alle bei ihr klassifizierten Schiffe aufgeführt sind.

Luke	viereckige Öffnung
Lukendeckel	Abdeckung der Luke
Mannloch	Einstiegsöffnung in Kessel oder Tanks mit verschließbarem Deckel
Mannschaftsräume	Räume für die Mannschaft, die zumeist mittschiffs oder im Achterschiff liegen
Maschinentelegraf	Einrichtung für die Befehlsverbindung von der Kommandobrücke zum Maschinenraum
MS	Abkürzung für Motorschiff
Nebelglocke	Glocke auf dem Vorschiff, mit der Signale des vor Anker liegenden Schiffes bei schlechter Sicht gegeben werden
Nebelhorn/Tyfon	Signalhorn zur Abgabe von vorgeschriebenen Signalen bei schlechter Sicht
Nettoregistertonne	Raummaß für das Volumen der Räume für Fahrgäste und Fracht ohne Berücksichtigung von Räumen für Mannschaft, Maschinen usw. 1 NRT= 2,83m^3
Niedergang	steile Treppe zur Verbindung von Decks
Poller	kurze, runde, eiserne Pflöcke zur Befestigung von Leinen
Reling	Geländer um das Schiffsdeck
Rollen	runde Holz- oder Metallscheiben in Blöcken, über die Seile laufen
Schlagseite	seitliche Neigung des Schiffes, z.B. bei Wassereinbruch oder verschobener Ladung
Schlingerkiel	Leiste zur Stabilisierung des Schiffes bei Seegang, die seitlich am Rumpf angebracht ist
Schott	Trennwand im Schiff
Seemeile	nautisches Längenmaß 1.852 m
Skylight	engl. Ausdruck für Oberlicht - oben liegendes Fenster, durch das Licht nach unten dringt
Spant	aufrecht stehende, der Außenform angepaßte Verstärkung, die sich bis in den Kiel zieht
Spill	Winde mit senkrechter Achse
Steuerbord	rechte Seite eines Schiffes bei Betrachtung in Fahrtrichtung
Tonnage	Maßangabe für den Rauminhalt eines Schiffes (BRT, NRT, tdw)
Vorpiek	vorderster Teil im Inneren des Schiffes, Leerraum/Tank im Vorschiff - liegt vor dem Kollisionsschott. (siehe auch Achterpiek)
Wellentunnel	wasserdichter Tunnel vom Maschinenraum bis zur Wellenbuchse am Heck des Schiffes. In ihm läuft die stabile Schraubenwelle nach außen.

Ägypten von A-Z

Anreise

Ägypten zählt trotz aller Unruhen und Zwischenfälle zu einem der beliebtesten Fernziele deutscher Urlauber. Infolgedessen ist es nicht verwunderlich, daß von einer Vielzahl deutscher Flughäfen Linien- oder Charterflüge nach Kairo möglich sind. Hinzu kommen die Nonstop-Charterflüge nach Hurghada und Sharm el Sheikh. Eine Reihe von Tauchreiseveranstaltern bietet in ihren Programmen Charter-Direktflüge mit Zubringerflügen von verschiedenen Flughäfen an. Die Flugzeit von München nach Hurghada bzw. Sharm el Sheikh beträgt ca. vier Stunden.

Ärztliche Hilfe

In den letzten Jahren ist ein Wandel in der Gesundheitspolitik Ägyptens zu verzeichnen. Die schlechte ärztliche Versorgung vor allem in den Touristenorten sowie die sich häufenden Beschwerden führten in diesen Regionen zu Änderungen. So entstanden in Sharm el Sheikh und Hurghada in den letzten Jahren zwei gut ausgestattete Krankenhäuser. Für eine ambulante Behandlung sind sie sicherlich ausreichend. Bei schwereren Erkrankungen sollte jedoch eine stationäre Versorgung entweder in Kairo oder in Deutschland angestrebt werden. Ist die Krankenhausbehandlung für Einheimische kostenlos, so müssen Ausländer die Behandlung bar bezahlen. Der Abschluß einer Auslandsreisekrankenversicherung, die Sportunfälle und den Rücktransport beinhaltet, ist in jedem Falle anzuraten. In den Apotheken in Hurghada und Sharm el Sheikh lassen sich eine Anzahl von Medikamenten der Grund- und Regelversorgung erwerben. Dennoch empfiehlt es sich, eine eigene Reiseapotheke mitzuführen, vor allem, wenn eine Mehrtagestour geplant ist.

Botschaften

Botschaft der Bundesrepublik Deutschland
Kairo-Zamalek
8 Sharia Hassan Sabri
Tel.: 02/3410015

Botschaft der Republik Österreich
5 El Nile-Street Corner
Wissa Wassef- Street
Riyadth Tower
11111 Kairo
Tel.: 02/5702975

Botschaft der Schweizerischen Eidgenossenschaft
Kairo
10 Sharia Abdel Khalek Saroit
Tel.: 02/5758133 oder 02/5758284

Dekokammer

In Sharm el Sheikh befindet sich eine große Dekokammer mit allen wichtigen Behandlungsmöglichkeiten. Sie steht unter der Leitung von Dr. Adel Taher, einem deutschsprachigen Arzt. Die Kammer wurde 1993 mit Hilfe von Entwicklungsgeldern finanziert. Nach immer wieder auftretenden finanziellen Engpässen wird sie seit 1997 durch die Taucher mitgetragen. Pro Tag werden von den Tauchbasen in Sharm el Sheikh ein US Dollar je Taucher einbehalten und direkt an die Kammer abgeführt.
Tel.: 062/601011 oder 062/600922-3
Fax.: 062/600266-270

Neben diesem Druckkammerzentrum entstand 1998 im neu ausgebauten General Hospital von Hurghada ein weiteres Druckkammerzentrum. Eine 24-Stundenbereitschaft und ein Hubschrauberlandeplatz sorgen seit dieser Zeit auch hier für die nötige Sicherheit.
Tel.: 065/542620

Einreise/Visum

Bei der Einreise muß der Reisepaß noch mindestens 6 Monate gültig sein. Das Visum kann entweder in Deutschland oder bei Einreise beantragt werden. Während ein mitgebrachtes Visum 50,- DM kostet, fallen vor Ort lediglich Kosten in Höhe von ca. 30,- DM an. Zu beachten ist, daß ein in Sharm el Sheikh ausgestelltes zwar in Hurghada gültig ist aber nicht umgekehrt.

Fotografieren

Um böse Überraschungen beim Fotografieren zu vermeiden, sollten Sie mit Ihrer Planung über die Urlaubserinnerungen bereits daheim beginnen. Am besten bringt man seine Filme in ausreichender Zahl mit. Die vor Ort erworbenen sind nicht nur teurer, sondern zumeist auch unsachgemäß gelagert, so daß ihre Qualität zu wünschen übrigläßt. Die Fotoausrüstung sollte in jedem Fall in dichten Koffern oder Taschen zum Schutz gegen den feinen Sand und Staub transportiert werden. Ebenfalls gehören Reinigungsmittel, wie Pinsel und Tücher, zur Ausrüstung. Beim Fotoshooting vor Ort ist zu beachten, daß Personen nicht ohne deren Zustimmung fotografiert werden. Für alle militärischen Anlagen - mögen sie noch so bescheiden sein - gilt absolutes Fotografierverbot. Unter diese Regelung fallen auch Flughäfen und Hafenanlagen, wobei sie in den Häfen von Hurghada und Sharm el Sheikh sehr lasch gehandhabt wird.

Geld

Währungseinheit ist das Ägyptische Pfund, abgekürzt L.E. Ein Pfund entspricht 100 Piaster (P.T.). Während mit den Straßenhändlern um kleinste Beträge gerungen wird, stellt in den meisten Hotels 1 L.E. die kleinste Währungseinheit dar. Der Wechselkurs ist vom Dollar abhängig und liegt seit einigen Jahren bei ca. 1:2; 2 L.E entsprechen also ca. 1,- DM (bei Tausch in Ägypten). Aufgrund des schlechten Kurses in Deutschland empfiehlt es sich, erst bei der Ankunft am Zielflughafen zu tauschen. Auch kleinste Beträge werden mit Geldscheinen beglichen, Münzen sind dagegen selten im Umlauf.

Impfungen

Impfungen bei der Einreise aus einem europäischen Land nach Ägypten sind nicht erforderlich. In den Sommermonaten wird in einigen Nilregionen eine Malariaprophylaxe angeraten. Unabhängig hiervon sollten Sie sich einer Hepatitis A Impfung (aktiv oder passiv) unterziehen. Weiterhin ist zum Schutz vor sogenannten Fäkalinfektionen eine Thyphoralprophylaxe empfehlenswert. Zur termingerechten Durchführung dieser Prophylaxen erkundigen Sie sich rechtzeitig vor Reisebeginn beim Gesundheitsamt oder Hausarzt.

Souvenirs

Auch wenn Ihnen jemand glaubhaft versichert, bei den angebotenen Stücken handele es sich um echte Antiquitäten, sollten Sie vom Kauf Abstand nehmen. Entweder halten Sie eine der zahllosen Fälschungen in Ihren Händen oder, falls das gute Stück wirklich echt ist, benötigen Sie eine Ausfuhrgenehmigung, die praktisch nicht erteilt wird. Unproblematisch sind die unzähligen Kopien altägyptischer Figuren und Drucke, die an jeder Ecke angeboten werden.

Stromversorgung

In der Regel 220 Volt. Eurostecker passen fast immer. Da die meisten Unterkünfte nur über ein oder zwei Steckdosen verfügen, ist es ratsam, eine Mehrfachsteckdose mitzubringen. Den Löwenanteil der Stromversorgung gewährleistet das Wasserkraftwerk am Assuanstaudamm. Zusätzlich verfügen die meisten Städte sowie größeren Hotelanlagen über eigene Dieselgeneratoren. Stromausfälle, die an der Tagesordnung sind, betreffen somit nur einzelne Stadtteile oder Hotelanlagen und sind in der Regel schnell behoben.

Trinkgeld (Bakschisch)

Bakschisch ist fester Bestandteil der ägyptischen Kultur und nicht mit Bettelei gleichzustellen. Nicht nur von Touristen wird dies erwartet, auch Einheimische geben bei Dienstleistungen aller Art ein Trinkgeld. In Anbetracht der niedrigen Löhne kommt dem Bakschisch eine hohe wirtschaftliche Bedeutung zu, ohne die einige Familien nicht überleben könnten. Bei Unsicherheiten über die Höhe des finanziellen „Dankeschön" wenden Sie sich am besten an einen Mitarbeiter der Reiseveranstalter vor Ort.

Wasser

Das üppige Grün in den Hotelanlagen läßt schnell vergessen, daß Ägypten zu 90% aus Wüste besteht. Das Wasser kommt entweder mit Tankwagen vom Nil oder über eine alte Pipeline oder wird durch modernen Meerwasserentsalzungsanlagen direkt vor Ort gewonnen. Der Mangelzustand wird zumeist vergessen und führt bei höherem Wasserverbrauch, z.B. der 18 Uhr-Dusche nach dem Tauchen, zu einem deutlichen Druckverlust. In jedem Fall sollte mit Wasser sparsam umgegangen werden.
Das Leitungwasser entspricht nicht den üblichen Trinkwasserqualitäten. Zum Trinken und Zähneputzen sollte nur das in Flaschen abgefüllte und überall erhältliche Mineralwasser (Baraka) genommen werden.

Zeitverschiebung

In Ägypten gilt die Osteuropäische Zeit (OEZ). Sie ist der Mitteleuropäischen Zeit (MEZ) um eine Stunde voraus. Der Schluß, die OEZ sei stets eine Stunde weiter als die MEZ ist allerdings falsch. Bedingt aus der nicht zeitgleichen Umstellung von Winter- auf Sommerzeit resultieren in der Umstellungsphase andere Zeitunterschiede.

Zoll

Neben den üblichen Zollbestimmungen ist zu beachten, daß Foto- und Videoausrüstungen deklariert werden müssen. In Ägypten gekaufte Waren dürfen nur bis zu einem gewissen Wert ausgeführt werden. Für Antiquitäten ist eine Ausfuhrgenehmigung erforderlich. Darunter fallen auch Gegenstände, die von Wracks abmontiert wurden.

Tauchbasen und Reiseveranstalter (Auswahl)

Tauchbasen

Sharm el Sheikh

Sinai Dive Club
Fayrouz Hilton Village
Sharm el Sheikh
Tel.: 062/601041 Fax: 062/601040

Sinai Divers
Ghazala Hotel
Sharm el Sheikh
Tel.: 062/600697 Fax: 062/600158

Camel Dive Club
P.O. Box 10
Sharm el Sheikh
Tel: 062/600700 Fax: 062/600601

Oonas Divers
Sonesta Hotel
Sharm el Sheikh
Tel.: 062/600581 Fax: 062/600582

Aquamarine DC
Novotel
Sharm el Sheikh
Tel.: 062/600276 Fax:062/600176

Subex
Mövenpick Joly Ville Hotel
Sharm el Sheikh
Tel.: 062/600100 Fax:062/600111

Red Sea Diving College
Nama Bay
Sharm el Sheikh
Tel: 062/600145 Fax: 062/600144

African Divers
Ras Um Sid
Sharm el Sheikh
Tel.: 062/600307 Fax: 062/600307

Hurghada

Aquanaut Diving Center
Shadwan Hotel
Hurghada
Tel: 065/549891 Fax: 065/547045

Tauchbasis el Samaka
El Samaka Desert Inn
Hurghada
Tel: 065/446532 Fax: 065/446530

James und Mac
Barakuda Diving Center
Giftun Village Club
Hurghada
Tel: 065/442665 Fax: 065/442666

Jasmin Diving Center
Jasmin Village
Hurghada
Tel: 065/446455 Fax: 065/446455

Orca Diving Center
Gheisum
Hurghada
Tel: 065/442357 Fax: 065/442357

Red Sea Diving
Taucherhaus Hurghada
Hurghada
Tel: 065/442960 Fax: 065/443234

Subex Clubhaus
Aldahar
Hurghada
Tel: 065/547593 Fax: 065/547471

Safaga

Barakuda Diving Center
Menaville Chalet
Safaga
Tel: 065/451761 Fax: 065/451764

Barakuda Diving Center
Lotus Bay Hotel
Safaga
Tel: 065/451041 Fax: 065/451042

Orca Diving Center
Orca Village
Safaga
Tel: 065/452658 Fax: 065/442357

Reiseveranstalter

Air Aqua
Rüttenscheiter Straße 14
45128 Essen
Tel: 0201/790079 Fax: 0201/780750

Orca Tauchreisen
Steinbökstraße 4
83022 Rosenheim
Tel: 08031/18850 Fax: 08031/188588

Rudi Direkt
Maria-Theresia-Str. 12
79761 Waldshut
Tel: 07751/7974 Fax: 07751/70331

Sub Aqua
Frankfurter Ring 243
80807 München
Tel: 089/32379888 Fax: 089/3237961 l

Volkert Touristik
Bunsenstr. 12
64293 Darmstadt
Tel: 06151/892780 Fax: 06151/891369

Literaturhinweise

Meeresbiologische Literatur

Baumeister, W. (1993): Farbatlas Meeresfauna: Rotes Meer, Indischer Ozean. Niedere Tiere. Ulmer Verlag, Stuttgart.

Debelius, H. (3. Aufl. 1995): Unterwasserführer Rotes Meer. Fische. Delius Klasing / Edition Naglschmid, Bielefeld.

Schmid, P. und D. Paschke (3. Aufl. 1995): Unterwasserführer Rotes Meer. Niedere Tiere. Delius Klasing / Edition Naglschmid, Bielefeld.

Tauchliteratur

Folgende Hefte aus der Reihe Tauchsport-Sonderbrevets und -Seminare aus dem Delius Klasing Verlag / Edition Naglschmid, Stuttgart behandeln Themen aus der Tauchpraxis, die bei einer Wracktour im Roten Meer von besonderem Interesse sind:

Heft 1 Orientierung,
Heft 7 Nachttauchen,
Heft 8 Strömungstauchen,
Heft 12 Wracktauchen,
Heft 15 Seemannschaft.

Straßenkarten

Ägypten-Karte von Kümmerly und Frey (zeigt den gesamten Küstenverlauf des Roten Meeres, während die meisten anderen Karten den Teil südlich von Marsa Alam nicht mehr abbilden).

Seekarten

Nr. 317 Golf von Suez und Golf von Aqaba (südlich bis Umm Kamar)
Nr. 318 Golf von Suez und Golf von Aqaba (südlich bis Giftun Island)
Nr. 319 Gubalstraße bis Ras Banas
Nr. 327 Port Safaga

Sonstige Literatur

Baedekers Allianz Reiseführer (1994): Ägypten. Verlag Baedeker, Ostfildern-Kemnat.

Bergbauer, M., Kirschner, M., Göbel, H. (2, Aufl. 1998): Tauchreiseführer Rotes Meer- Ägyptische Festlandküste. Delius Klasing / Edition Naglschmid, Bielefeld

Buckles, Guy (1998): Rotes Meer. Tauchen und Reisen. Delius Klasing, Bielefeld

Gray, William (1996): Koralleninseln und ihre Riffe. Delius Klasing / Edition Naglschmid, Bielefeld

Kirschner, M., Göbel, H., Bergbauer, M. (1997): Tauchreiseführer Sinai-Rotes Meer. Delius Klasing / Edition Naglschmid, Bielefeld

Tondok, W. und S. (1991): Ägypten. Reise Know-How
Wehrle, L. (1989): Ägypten für Kenner. Ullstein Verlag, Frankfurt.

Weinberg, Steven (1998): Rotes Meer-Indischer Ozean. Erlebte Unterwasserwelt, Delius Klasing / Edition Naglschmid, Bielefeld.

Am Roten Meer ist das ganze Jahr Saison

Eine Wunderwelt für Taucher: unglaublich klares Wasser, eine berauschende Vielfalt von Fischen und Korallengärten, die zu den schönsten der Welt gehören. Und das alles nur wenige Flugstunden entfernt! Mit diesen Tauchreise- und Unterwasserführern lassen sich die schönsten Winkel dieses paradiesischen Reviers entdecken. Hunderte von Farbbildern und prägnante Texte beschreiben die Unterwasserwelt in allen Details, und auch die Zeit an Land wird zum unvergeßlichen Erlebnis.
Diese Bände der Edition Naglschmid sind im Buch- und Fachhandel erschienen:

Dr. M. Bergbauer/M. Krschner/H. Göbel
Tauchreiseführer Rotes Meer – Ägyptische Festlandsküste
180 S., 88 Farbfotos, 27 Karten, kart.
ISBN 3-89594-009-7

M. Kirschner/H. Göbel/Dr. M. Bergbauer
Tauchreiseführer Sinai – Rotes Meer
160 S., 85 Farbfotos, 18 Karten, kart.
ISBN 3-89594-056-9

Guy Buckles
Rotes Meer
Tauchen & Reisen
176 S., 90 Farbf., 19 Karten, kart.
ISBN 3-7688-1200-6

Helmut Debelius
Unterwasserführer Rotes Meer – Fische
176 S., 180 Farbfotos, 6 Abb., kart.
ISBN 3-89594-021-6

Peter Schmid/Dietmar Paschke
Unterwasserführer Rotes Meer – Niedere Tiere
172 S., 116 Farbfotos, 32 Abb., kart.
ISBN 3-89594-022-4

Steven Weinberg
Rotes Meer/Indischer Ozean
Erlebte Unterwasserwelt
424 S., 609 Farbfotos, 4 farb. u. 15 s/w-Abb., flexibel geb.
ISBN 3-7688-1202-2

M. Kirschner/Dr. M. Bergbauer
Schnorcheln Rotes Meer/ Malediven
Seychellen – Ostafrika – Indonesien – Malaysia – Philippinen – Mikronesien – Australien
112 S., 153 Farbfotos, 27 Grafiken, kart.
ISBN 3-89594-068-2

Was es sonst noch Neues zum Thema Tauchsport gibt, erfahren Sie in unserem aktuellen Gesamtverzeichnis „Tauchen" vom Delius Klasing Verlag, Postfach 10 16 71, 33615 Bielefeld.

Delius Klasing
EDITION NAGLSCHMID